국제법의 역사

올리비에 코르텐, 피에르 클랭 글
제라르 브도레 그림 필립 샌즈 서문
이수진 옮김 옥창준 감수

그림씨

서문

1980년 국제법을 공부하기 시작할 무렵, 나는 국제법이라는 학문은 비교적 지엽적일 뿐만 아니라 법학자들도 부차적으로 여기며 대중과 언론도 큰 관심을 갖지 않는다고 여겼다. 하지만 요크셔 출신으로 국제사법재판소의 영국 재판관이 되신 은사님께서 국제법에 관한 흥미를 일깨워주었고, 이러한 흥미는 이후 내 일생 동안 지속되고 있다. 은사님의 수업에서는 국제법과 정치 문제 사이의 상호작용이나, 주권이나 인권과 같은 법적 개념의 기초가 되는 역사적 배경이나 관념들에 대한 언급은 없었다.

그로부터 여러 해가 지나면서 점점 정치 문제를 이해하는 능력을 키웠다. 그런 의미에서 2003년 3월은 결정적인 순간이었다. 백만 명이 넘는 이들이 이라크에서 예고된 전쟁에 반대하며 런던 거리로 쏟아져 나왔다. UN 안전보장이사회의 명시적인 승인 없이 벌인 전쟁이었다. 그중 많은 이들이 직접 만든 플래카드를 들고 있었다. '전쟁이 아닌 법을!', '유엔 헌장 2조 4항을 준수하라!'가 그 내용이었다.
당시 다섯 살이던 딸이 내게 물었다.
"저 사람들은 전쟁에 찬성하는 거예요, 반대하는 거예요?"
당연히 내 딸은 유엔 헌장이 무엇인지, 그것의 2조 4항(국가 간 무력 사용 금지)의 내용이 무엇인지, 그것이 실제로 어떻게 작동하는지에 대한 설명을 들을 권리가 있었다.

돌이켜보면 아마도 그때가 바로 국제법이 공적 토론의 장으로 들어온 순간이었을 것이다. 그로부터 20년이 지나 러시아와 우크라이나 사이에 전쟁이 한창인 지금 언론이 특정 조약의 의미나 한 국가의 행동이 국제적 의무에 부합하는지, 위배되는지에 관해 교수나 국제법 실무 전문가의 의견을 묻지 않고 지나가는 날이 없을 정도다.
"이러한 야만적인 행위를 전쟁 범죄, 반인도적 범죄, 혹은 제노사이드로 여겨야 하는가?",
"한 국가가 남극에서 밍크고래를 잡는 행위가 허용되는가?",
"브렉시트에 관한 북아일랜드 프로토콜이란 무엇이고 그것이 위반된 경우, 무슨 일이 벌어지는가?",
"국제법은 기후변화 문제를 어떻게 다룰 수 있는가?"

국제법은 우리 일상의 면면을 파고들었다. 국제법은 세상을 움직이고 교통과 상업, 원거리 통신과 우편

인권 수호 전문 프랑스-영국 국제법 학자인 필립 샌즈는 유니버시티 칼리지 런던의 법학 교수이자 작가다. 최근 저서《렘베르크로의 귀환(2017)》은 지정학 도서 심사위원 특별상과 몽테뉴 문학상을 수상했다.

서비스, 식량, 전쟁과 평화, 민족자결과 식민지 해방을 규제한다. 오늘날 국제법 체제를 구성하는 규율에 의해 어떤 영향도 받지 않는 인간의 활동은 없다. 감비아가 미얀마에서 로힝야족에 대한 집단학살이 벌어졌다며 국제사법재판소에 소송을 제기했을 때 노벨 평화상 수상자이자 당시 미얀마 외무부 장관이던 아웅산 수치가 했던 말을 빌리면 "국제법은 보편적 가치를 바탕으로 하는 유일한 체제가 될 것"이다.

이 말은 사실이다. 만약 국제법이 지금보다 우리에게 더 큰 영향을 미치길 원한다면, 또 당국과 주권이 모든 통제에서 벗어나기를 원하는 무리로부터 우리를 지켜주길 원한다면 우리의 일상에 깊이 파고든 만큼 국제법은 더 많은 대중에게 도달해야만 한다. 이는 다시 말해 국제법에 정통한 사람들이 그들만의 학문적·전문적 울타리에서 벗어나야 한다는 의미다. 사실 이들은 한정된 범위 내에서만 교류하는 경향이 있다. 하지만 정보를 주고 도전하고 도발하는 것, 그것이 우리가 할 일이다. 그리고 그 일을 잘 수행하려면 더 많은 대중이 더 쉽게 접근할 수 있는 언어와 이미지가 필요하다.

이 책은 국제법에서 다루는 문제들의 심각성이나 복잡성을 결코 낮추지 않으면서 아름다움과 탁월한 문체, 유머를 담고 있는 매우 독창적인 작품이다. 국제법에 생명을 불어넣는 일련의 이야기 속에서 역사학, 정치학, 인류학, 법학을 통섭적으로 소개한다. 이 이야기는 정의와 법이 얼마나 긴 세월 동안 형성되어 온 것인지 보여준다. 그와 동시에 우리가 나아가야 할 길을 예측하게 해주며 언제나 희망을 위한 자리는 남아 있다는 사실을 강조하고 있다.

필립 샌즈
유니버시티 칼리지 런던

프롤로그

국제법에서 가장 상징적인 사례를 꼽으라면, 아부 주바이다라는 이름으로 알려진 무국적 팔레스타인인 자인 알 아비딘 무함마드 후사인을 들 수 있다.
2002년 3월 파키스탄에서 검거당할 당시 부상을 입은 그는 즉시 미국 중앙정보국(CIA)에 넘어갔고 CIA는 그를 알카에다의 주요 간부 중 한 명으로 지목했다.
그것은 아부 주바이다에게 지옥으로 가는 기나긴 추락과 같았다.
그를 계기로 CIA는 '고가치 수감자' 프로그램과 '범죄인 특별인도' 방식을 처음 작성했다.

이후 4년 동안 그는 외부와의 소통이
철저히 차단된 채 CIA가 전 세계에서
운영하는 비밀 수용시설인
여러 '블랙사이트'에 억류되었다.

고난이 시작된 곳은
태국이었다. 그곳에서 그는
부시 행정부 법학자들이
승인한 '강화된 심문'을
받아야 했다.
그는 83회에 걸쳐
물고문(악명 높은
'워터보딩')을 당했다.

2002년 말, 아부 주바이다는
폴란드에 있는 또 다른
블랙사이트로 이송되었다.

강압적인 심문이 뒤따랐다.
그곳에서 그는 극심한 추위를 견디며 수면과 식사도
박탈당한 채 물고문을 당해야 했다.

그는 극심한
스트레스 상황에서
수일 동안 선 채 지내야
했으며 화장실도 가지
못했고…

몸을 움직이기 힘든 상자 안에 갇힌 채
구타를 당하고 수 주일 동안
옷도 걸치지 못했으며…

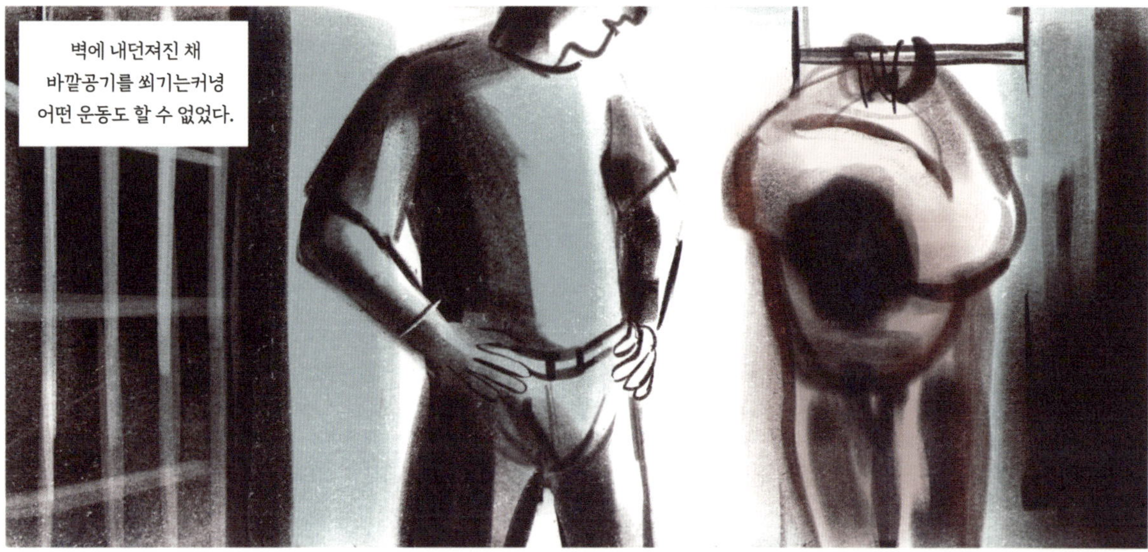

벽에 내던져진 채
바깥공기를 쐬기는커녕
어떤 운동도 할 수 없었다.

세계일주는 2003년 9월부터
계속되었다. 그는 관타나모 해군기지,
모로코, 리투아니아, 아프가니스탄으로
차례로 이송되었다.

그 모든 곳에서 그는 똑같은
강화된 심문을 받아야 했다.

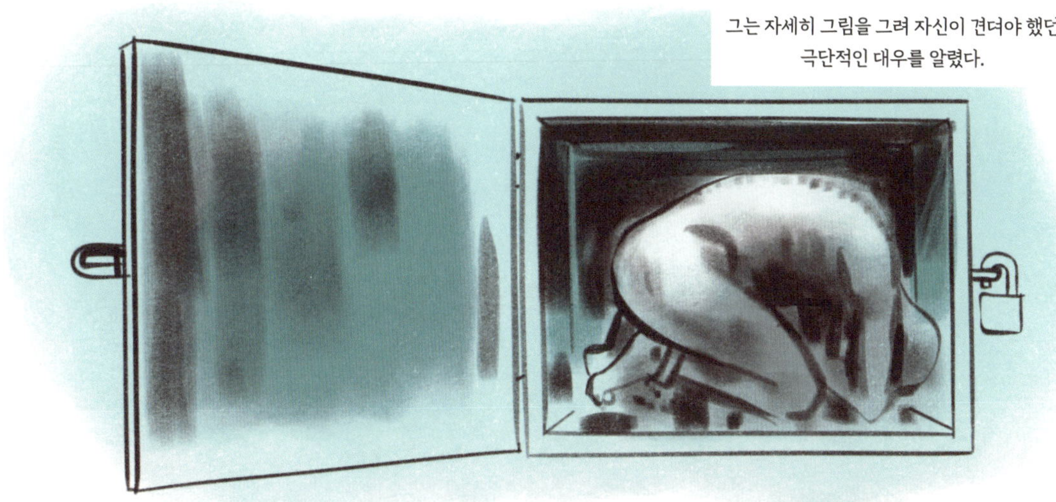
그는 자세히 그림을 그려 자신이 견뎌야 했던
극단적인 대우를 알렸다.

이후 그는 관타나모로 다시 끌려가
최대 보안 등급인 '캠프7'에서
2006년 9월부터 억류되었다.

그곳은 변호사를 비롯한
어떤 이의 방문도
금지된 곳이다.

2007년 3월, 그는 미국 당국이
'테러와의 전쟁'의 일환으로 체포한
'불법전투원'의 상태를 평가하기
위해 시행하는 일종의 예외적
법정인 '특별 군사법정'에
출두했다.

관타나모의 대부분 수감자들과 마찬가지로 아부 주바이다는 어떤 죄목으로든 단 한 번도 공식적으로 기소된 적이 없었다. 하지만 특별 군사법정 소속 일원들은 다음과 같이 판단했다.
아부 주바이다의 구금을 지속하는 것이 정당합니다.
그것이 그의 상태에 대한 공식 기관의 최초이자 유일한 판단이었다.

그날 이후 아부 주바이다는 석방될 가망 없이 관타나모 수용소에 갇혔다.

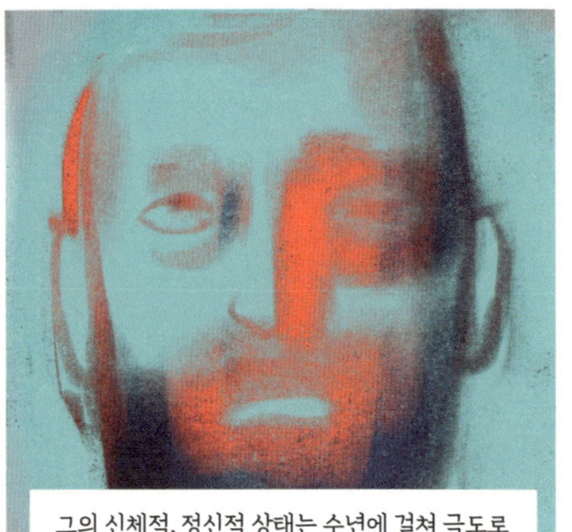

그의 신체적, 정신적 상태는 수년에 걸쳐 극도로 악화되었다. 억류 중 왼쪽 눈은 실명했고 소리에 극도로 민감해졌으며, 정신병과 부분적 기억상실을 호소하고 있다.

2014년 유럽인권재판소는 폴란드가 CIA의 비밀 구금 프로그램에 관여한 사실을 인정했다.
또한, 폴란드에 구금되었을 당시 겪었던 피해에 대해 10만 유로에 달하는 손해배상금을 아부 주바이다에게 지불할 것을 폴란드 정부에 명령했다. 하지만 그러한 판결에도 불구하고 그의 상황이 나아질 거라고 믿는 사람은 많지 않았다. 왜냐하면…

미국 측 태도는 바뀐 게 하나도 없거든요.

2022년 1월 7일 국제앰네스티 (국제사면위원회)는 관타나모 해군 기지에 39명의 수감자들이 기소도 판결도 없이 계속 구금되어 있다고 밝혔다.

오바마 전 미국 대통령은 관타나모 수용소를 폐쇄하겠다고 약속했지만 후임 조 바이든 대통령은 아무 움직임을 보이지 않았다.
우리는 할 수 있다!
미국을 다시 위대하게!
나라의 영혼을 위한 전투!

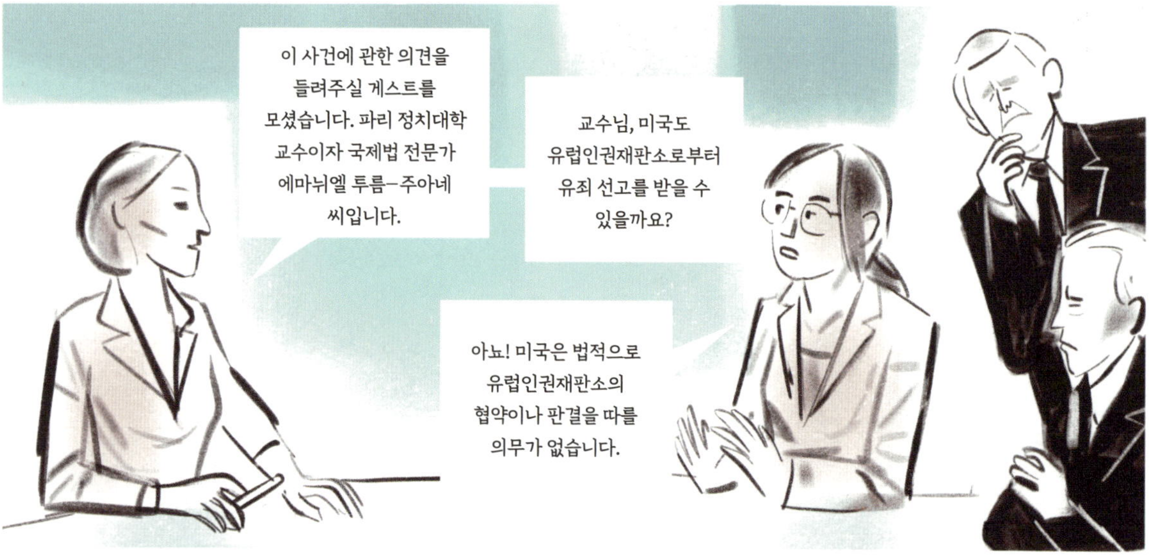

이 사건에 관한 의견을
들려주실 게스트를
모셨습니다. 파리 정치대학
교수이자 국제법 전문가
에마뉘엘 투름-주아네
씨입니다.
교수님, 미국도
유럽인권재판소로부터
유죄 선고를 받을 수
있을까요?
아뇨! 미국은 법적으로
유럽인권재판소의
협약이나 판결을 따를
의무가 없습니다.
그러나 미국은 '고문 및 그 밖의 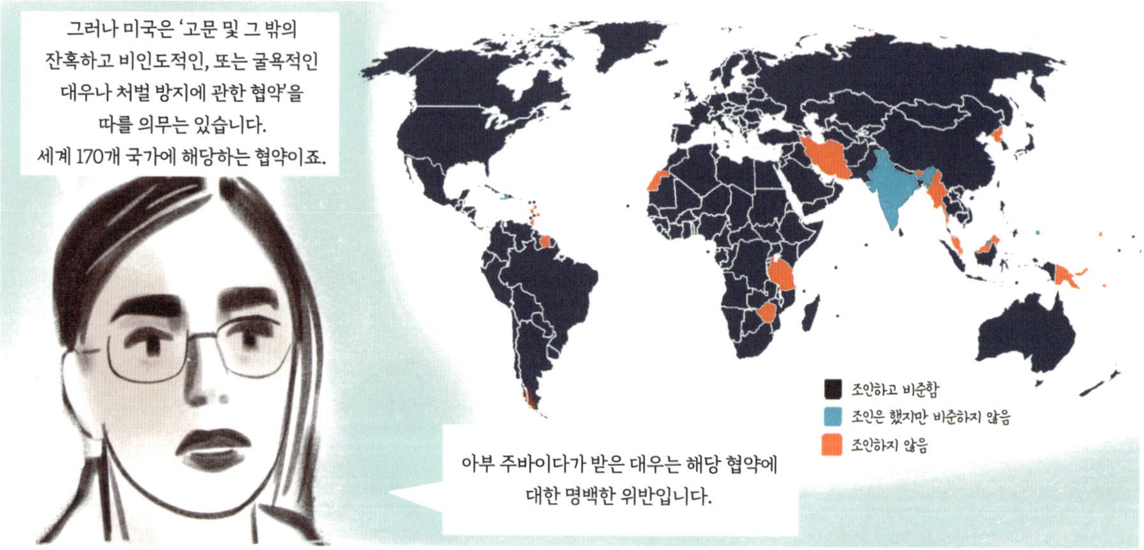
잔혹하고 비인도적인, 또는 굴욕적인
대우나 처벌 방지에 관한 협약'을
따를 의무는 있습니다.
세계 170개 국가에 해당하는 협약이죠.
조인하고 비준함
조인은 했지만 비준하지 않음
조인하지 않음
아부 주바이다가 받은 대우는 해당 협약에
대한 명백한 위반입니다.

미국을 처벌하는
게 가능하다는
말씀인가요?
좀 미묘한데요.
우리를 심판한다고?
협약 위반에 대한 제소를
심의하는 고문방지위원회가
존재합니다만,
미국은 그 권한을 인정하지 않고
그러한 위반 사실을 주장할 수 있는
다른 재판소도 인정하지 않아요.
그러니 어떤 국제 법원도
미국을 처벌할 수 없는 거죠.
웃겨!

그럼 유엔은요? 21세기에 고문을 자행하는 건 말이 안 되잖아요?
실제로 유엔의 여러 전문가들이 관타나모에서 자행된 학대를 비난했지만 처벌을 내릴 수 있는 권한은 오직 안전보장이사회(안보리)에만 있어요.
그런데 미국은 안보리 상임이사국이기 때문에 거부권을 행사할 수 있죠.
우리를 처벌한다고? 하하하!
정신들이 나갔군!

그렇다고 국제법을 준수할 필요가 없다는 뜻은 아닙니다!
푸흐흐….

음… 뭐가 웃긴 건지 설명해 줄래?
아니….

당신은 이 국제'법'에 의문을 가지면 안 된다는 거야?
물론... 하지만 모든 건 변할 수 있지. 법이 없다면 가장 힘센 사람의 법칙에 따를 수밖에 없을 테니까.
이 세상이 어떻게 돌아가겠어?

제네바 협약, 유엔 헌장, 세계인권선언이 없다면?
당신 정말 귀엽다!
그래서 제네바 협약이 시리아와 예멘에서 사람들이 학살당하는 걸 막았어?

유엔 헌장이 러시아의 크림반도 합병이나 우크라이나 침공을 막았어?
세계인권선언이 중국이 무슬림 백만 명을 수용소에 가두는 걸 막았냐고?

잠깐, 그건 너무 부정적인 측면만 본 거잖아!

부정적인 면이 있는 게 사실이잖아!
마지막으로 국제법에 관해 더 자세히 알고 싶은 독자들을 위해…

세계 시민을 위한 국제법 7대 밀크노트
성문화부터 른나오까지
국제법의 역사
이 만화책을 추천합니다. 서점에서 불티나게 팔리고 있죠.
우리한테 딱 필요한 거네!

내가 살 테니 당신이 먼저 읽고 줄래?
그런 다음 다시 이야기하자고. '아무 의미도 소용도 없다고 생각하는 부인'!
하하, 좋아. '제도가 세상을 구할 거라고 믿는 남편'!
그게 신념 불일치를 이유로 당신과 이혼하지 않을 수 있는 방법이라면!

이와 같은 논쟁의 역사는 국제법의
역사만큼 오래되었다.
양측 입장은 팽팽히 맞서고 있다.

여러 국가가 서로 다른
정치, 경제, 종교적 성향에도
불구하고 대화를 계속할 수
있도록 하는 보편 법칙, 윤리
기준 및 공통어라는 제도,
그리고 평화 수호, 민족의 평등,
개인의 존엄성만큼 고결한
이상과 다양한 유토피아를
전하는 프로젝트가 필요하다고
보는 시각.

그리고

법은 상위 기구와 강제할
권한을 가진 재판관이 없어
그러한 기능을 하지 못하며,
제도는 그것을 시행할 결정을
내릴 더 강력한 국가가
존재하지 않는 한 아무 효능이
없다고 보는 시각.

따라서 국제법의 역사를 이야기하는 것은
시간을 거슬러 올라가 팽팽히 맞서는 두 가지
갈등의 발자취를 따라가는 것이다.

그리고

윤리적 개념

정치적 비전

둘 사이 갈등은 역사 속 모든 시기에
존재해왔으며 이 작품의 길잡이가 될 것이다.
그리고 그 최초의 순간은 지금으로부터
500년 전인 15세기 말로 우리를 이끈다.

I

신의 이름으로

15~16세기

1493년 5월 4일
바티칸시국, 로마

내
차례로군…

로드리고 보르자
교황 성하 알렉산데르 6세
1431-1503

하느님의 종들의 종인 나 알렉산데르는 그리스도 안에서 가장 사랑받는 아들 페르난도 왕과 그리스도 안에서 가장 사랑받는 딸인 이사벨 여왕, 즉 카스티야, 레온, 아라곤, 시칠리아, 그라나다를 지배하는 영명한 군주에게 안녕과 교황청의 축복을 전한다.

---

* 8~15세기에 걸쳐 이슬람교도에게 점령당한 이베리아반도 지역 탈환을 위해 일어난 기독교도의 국토회복운동

* 성스러운 구세주
** 콜럼버스는 1492년 자신이 산살바도르 섬(현재의 바하마 제도)에 상륙했을 때 그곳을 인도로 오인했고, 원주민을 '인디오' 또는 '인디언'이라고 불렀다.

이곳 원주민들인 '인디언'들은 교리를 전수받고 가르침을 받고 가톨릭 신앙으로 개종할 것이다.

그대들은 오늘날까지 아무도 항해한 적 없는 대양에서 먼 미지의 대륙과 섬들을 온 힘을 다해 찾는 고되고 위험하고 값진 임무를 맡았소.

우리는 우리의 뜻과 사도의 위력으로, 그대들이 찾았고 앞으로 찾게 될 그리고 발견했고 앞으로 발견하게 될 모든 섬과 대륙을 그대들에게 내리나니….
LI MA
CAN

* 약 480km
** 이를 교황칙서, 즉 인테르 카에테라라고 부른다. 내용은 카보베르데로부터 100레구아 떨어진 지점부터 서쪽은 에스파냐, 동쪽은 포르투갈에 속한다는 것이었다. 즉, 세계를 스페인과 포르투갈이 나눠 갖는다는 내용이다.

*　이를 '교황자오선'이라고 부른다.

내가 이렇게 중요한 문제를 결정할 권한을 가졌지만 놀랍지 않은데.
지당하신 말씀! 우리 시대에 종교(가톨릭)는 우리 군주들보다 더 중요한 기준이 되는 뿌리니까요. 기꺼이 나누겠습니다.
법은 종교의 지배를 받죠(원하던 바!).
알겠습니다만 제 의견을 말해도 될지....
종교는 세속적 지도자들과 타협할 필요가 있습니다!
인테르 카에테라 칙서는 정말 치욕적이야!
내 권리는 모조리 무시했어....
나는 언급조차 하지 않았지!
알렉산데르 6세 교황이 스페인 출신인 게 우연이 아니겠지!
페르난도와 이사벨은 내 말을 들을지어다!
주앙 2세
포르투갈 왕
1455-1495

1494년 스페인 토르데시야스
스페인과 포르투갈 간 조약의 결론
전능하신 하느님의
이름으로...
카스티야, 레온, 아라곤,
시칠리아, 그라나다, 톨레도,
갈리시아의 군주들인
페르난도와 이사벨은
하느님의 은혜에 따라...

포르투갈 국왕 전하께서
우리에게 사절을 보내
앞으로 대양에서 발견하게 될
지역 가운데 서로의 몫에 관해
합의하고자 합니다….
포르투갈 국왕은
북극과 남극을
직선으로 잇고...
카스티야와 아라곤의 왕과 여왕이
이 직선 서쪽에서 이미 발견했고
앞으로 발견하게 될 모든 섬과 대륙은
그들 몫이 되기를 원하며...

*　스페인과 포르투갈 간의 적대 관계를 종식시키고 대서양 상의 영토를 분배한 조약

당시 '국제법'이라는 표현은 어디에도 존재하지 않았다. 심지어 오늘날 국제법의 창시자로 여기는 이들의 저서에도 나타나지 않았다.

당시는 도덕이나 종교와 구분될 뿐만 아니라 국가가 제정한 일련의 규칙과 같은, 즉 오늘날과 같은 '법'이 존재하지 않았다. 당시 법은 교리의 한 분야에 지나지 않았다.

또한, 현대적인 의미의 '국가', 즉 국민들의 삶을 조직하는 관념적 의미의 행정기구도 존재하지 않았다. 당시 국가는 대부분 군주와 구분되지 않았다.

1715년에 이르러 루이 14세가 죽기 직전 침대에서 이렇게 선언할 때까지는 말이다.

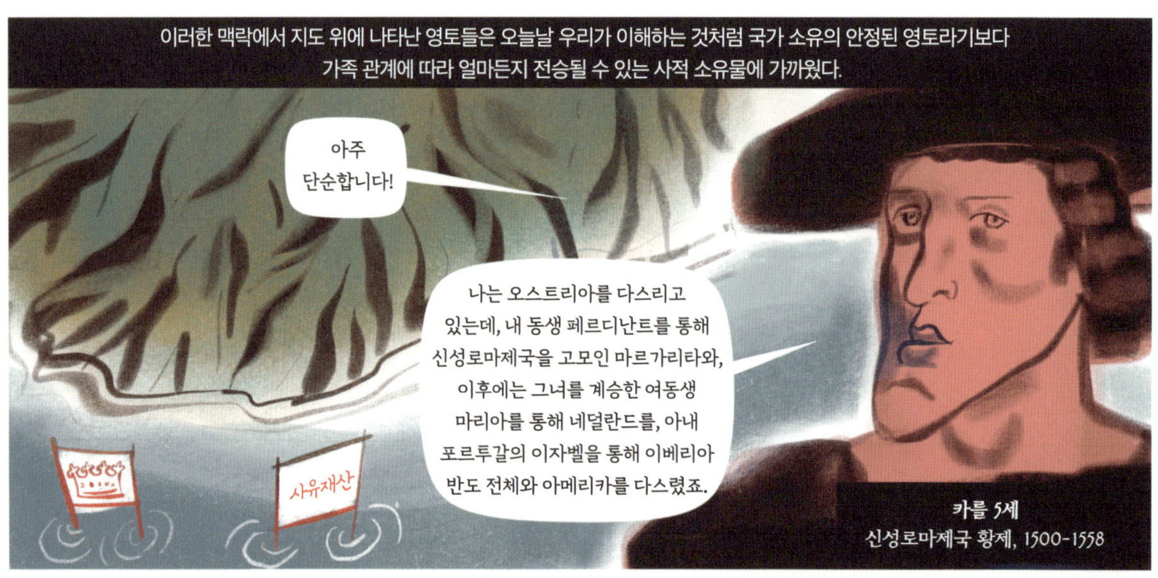
이러한 맥락에서 지도 위에 나타난 영토들은 오늘날 우리가 이해하는 것처럼 국가 소유의 안정된 영토라기보다 가족 관계에 따라 얼마든지 전승될 수 있는 사적 소유물에 가까웠다.
아주 단순합니다!
나는 오스트리아를 다스리고 있는데, 내 동생 페르디난트를 통해 신성로마제국을 고모인 마르가리타와, 이후에는 그녀를 계승한 여동생 마리아를 통해 네덜란드를, 아내 포르투갈의 이자벨을 통해 이베리아 반도 전체와 아메리카를 다스렸죠.
사유재산
카를 5세
신성로마제국 황제, 1500-1558

동시에 교황 칙서를 통해 왕권이 인정된 것을 보면, 권력자들만의 관계 속에서 법적 결정을 내리고 법칙들이 형성되고 적용된다는 사실을 알 수 있다.
16세기 세계 지도
아메리카
유럽
아시아
아프리카
따라서 오늘날 국제법의 근원을 찾아가려면 바로 이 시대로 돌아가야 한다.

그 근원으로부터 서유럽의 특정 권력에 의한 식민지화가 발생하고 곧 전 세계로 그들의 지배력, 문화, 경제 모델, 종교, 법을 강요하게 되었다.
또한, 우리는 보편적 정의와 세력의 우위를 점하려는 욕망 사이에서 벌어지는 끊이지 않는 갈등을 목격하게 되었다.

실제로 그것이 신권에 의한 것이든 아니든 토르데시야스 조약이 확립한 세계 분할은 모두를 만족시키지 못했다.

클레멘스 7세 교황은 기꺼이 프랑스 국왕 편을 들며 1533년 이렇게 공표했다.

* 새로운 프랑스라는 뜻.

새로운 땅
자크 카르티에의
탐험 1534년
토르데시야스 라인
규범과 그 해석자들은
중요 권력자들의 주장에 따라
얼마든지 다르게 해석할 수 있는
유연함을 갖추고 있었다.

물론 나는
신의 이름으로 내 임무를
완수할 겁니다.
1534년 7월 24일
이 십자가를 세우며 나는
'가스페'라는 이름의 이 땅을
프랑스 국왕 소유라고
선언한다.
자크 카르티에
1491-1557
프랑스 항해사 및 탐험가
몇 년이 흐르면서 유럽 열강의
해군력 발전은 토르데시야스
조약이 법적으로 인정하는 분할
수준을 능가하게 되었다.

정복의 바람이 온 유럽에
불어닥쳤다.
그렇구나….
국제법은 연구실에서
실험으로 탄생하지
않았다는 말이네.
그래… 무엇보다
국제법은 강자의
법이라는 뜻이기도
하지!

이러한 맥락에서 최초로 규범을 정했던 성직자들이 정복전쟁의 틀도 정하려고 했다.
정복의 정당성과 그 일환으로 군주들이 무력을 사용할 수 있는지에 대한 논쟁이 활발히 일었다.

오늘의 질문!
'정당한 전쟁'이란
무엇인가?

홍코너,
후안 히네스 드
세풀베다...

역사학자, 철학자, 사제,
카를 5세 황제의 공식 연대기
작가이자 정복 지지자 등장!

청코너,
프란시스코 데
비토리아...

로마 가톨릭 수도승,
신학자, 철학자, 법학자, 교수,
사상가, 수많은 작품의 저자,
그리고 과도한 정복에 대한
반대자 등장!

인디언들은 미개하고
노예나 다름없는
생명체라고.

신께서 그들의 열등한 처지를
원하셨다고. 따라서 그들의 땅을
정복한 후 더 진보한 국가를 위해
사용하는 것이 정당해.

그 모든 것은 성서에는
나온 적 없는 말…. 인디언도
인간이므로 다른 인간과
똑같은 권리를
누려야 마땅해.

그들 땅의 소유권을
인정해야 하며
왕권으로 그것을
보호해야 한다고.

인디언들에게 소유권이라니, 진심이야?
그들과의 전쟁은 신성한 의무이자 정의이며 기독교를 세계에 군림하도록 할 유일한 방법이라고.

'신성한 의무'이자 '정의'라…. 어떤 전쟁이 정당하려면…
공격 행위에 대한 대응이어야만 해!

종교의 차이로 인한 것이나 이교도 민족의 개종을 강요하기 위해 일으킨 전쟁은 부당하다고!

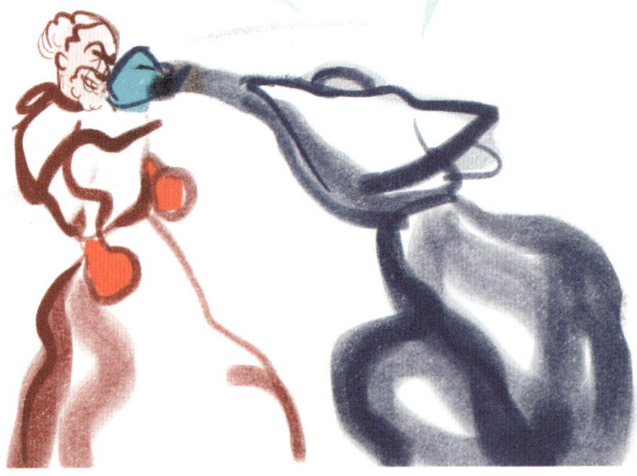

정당한 전쟁이란…
주권을 심각하게 침해했을 때 그에 대응해서만 붙일 수 있는 이름이야!

부당한 전쟁이란…
오직 한 군주의 권력을 확보하기 위해, 또는 그의 왕국을 확장할 목적으로 일으킨 전쟁을 가리키지!

비록 이념적 측면에 불과했지만 논쟁에서 승리한 건 비토리아였다. 그는 소위 '살라망카 학파'의 주요 인물이 되었다. 그는 식민지화를 교묘히 정당화했는데…

스페인의 의무를 수용하지 않은 아메리카 원주민들의 저항은 바로 '주권'에 반하는 것이며, 따라서 식민지화는 이에 대한 '비례적 대응'이자 정당한 전쟁이라고 여긴 것이다.

이때 본질은 '정당한 전쟁'이라는 개념이다. 국제 관계에서 무력 사용은 군주나 국가의 자유로운 판단에 달린 것이 아니라 정당성을 획득하기 위해서는 특정 조건에 부합해야 한다는 것이다.

하지만 이러한 제약은 오랫동안 유명무실했다. 열강들은 자신들의 전쟁을 정당화하기에 충분한 법적 이유를 쉽게 찾아냈기 때문이다.

* 군사적 목적을 달성하기 위해 필요한 것 이상의 전투력을 사용할 수 없다는 원칙으로, 성과와 피해를 비례 계산해 부수적 피해가 과도하면 안 된다.

1550년 카스티야 왕국 바야돌리드, 성그레고리오 성당. 이곳에서 또 다른 논쟁이 벌어졌다.
정당한 전쟁뿐만 아니라 원주민들의 개별적 권리와 지위라는 더 특수한 질문에 관한 논쟁이었다.
이는 훗날 '바야돌리드 논쟁'이라는 이름으로 역사에 기록되었다.

바르톨로메 데 라스 카사스는 두 논쟁 사이 사망한 비토리아의 바통을 이어받아 원주민들의 수호자 역할을 자처했고
그의 맞은편에는 다시 한번 후안 히네스 드 세풀베다가 자리했다.

문제는 원주민들에게 영혼이 있느냐는 것이었다…

그러게, 내게… 영혼이 있나?

음. 좋은 질문이야. 가만있자… 그럼 내게는?

나한테는 있어!

있으면 뭐가 달라져?

이 질문은 한동안 열띤 토론의 주제가 된 적이 있어. 몇 년 전 그에 대한 판결을 내린 게 바로 나, 바오로 3세 교황이거든.

인디언들은 '진짜 인간'이기 때문에 영혼이 있다! 1537년 내가 내린 칙령 수블리미스 데우스에서 확인된 내용이지.

그래? 그럼 그런가 보다!

적이 안심이 되는데.

칙령에 그렇게 적혀 있다면!

그 반대 이거나….

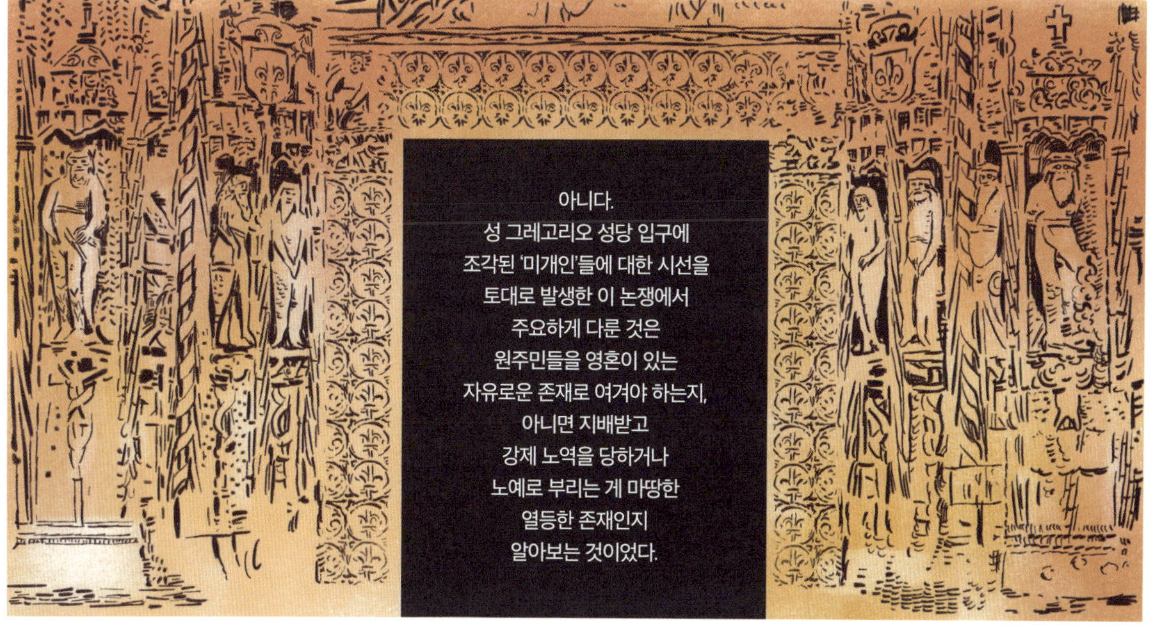

아니다.
성 그레고리오 성당 입구에 조각된 '미개인'들에 대한 시선을 토대로 발생한 이 논쟁에서 주요하게 다룬 것은 원주민들을 영혼이 있는 자유로운 존재로 여겨야 하는지, 아니면 지배받고 강제 노역을 당하거나 노예로 부리는 게 마땅한 열등한 존재인지 알아보는 것이었다.

이러한 논쟁이 일어난 것은 당시 스페인(마저) 통치하고 있던 카를 5세 황제가 양심의 가책을 느꼈기 때문이다.
카를 5세가 원주민들을 보호하기 위해 공표한 1526년과 1542년의 명령과 법령은 아무 효과가 없는 것처럼 보였다.
정복자들은 여전히 폭력적이고 잔혹했다.
이제 그만!
인디언들이 어떤 상황에 처해 있는지 들었다. 그것이 내 마음을 심히 괴롭게 하는구나.
내 마음에 평온을 주는 방식으로 정당하게 이루어지기 전까지 정복활동을 잠정 중단할 것을 명한다.

카를 5세의 요구로 이 질문이 스페인의 최고 종교기관에 제기되었고, 교회와 왕국의 최고 지성인들이 이 질문에 대한 답을 찾기 시작했다.
세풀베다 선생, 당신이 발언할 차례요.
흠.
인디언들은 미개하고 우상을 숭배하며 잔인합니다!
그들은 인간을 제물로 바치는 의식을 치르죠.
우리가 그들을 지배하는 것만이 그들의 불쾌한 관습을 끝내는 일이며 그들 영혼의 안녕을 보장하는 유일한 방법입니다.
이 고귀한 목적이 바로 우리 정복활동이 정당하다는 것을 입증합니다.

그건 인디언들을 착취하는 파렴치한 행위에 대한 핑계가 될 수 없습니다!

저 사람이 '라스 카사스'야! 치아파스*의 주교였다지!
그들의 관행이 우리 역사에 점철된 관습보다 정말 더 잔혹할까요?
(*현재의 멕시코)

고대 로마 원형경기장에서 벌인 경기도 인간 제물의 한 형태가 아니었던가요?

모든 인간에게 적용되는 법은, 무고한 자는 아무도 부당한 대우를 받아서는 안 된다고 규정합니다!

또한, 그들은 이토록 놀랍고 경탄할 만한 도시를 건축한 민족입니다. 그런 그들을 어찌 미개인이라고 부를 수 있겠습니까?
흠….
정말 어려운 문제로군요.
판단을 내리기 위해서는 아무 편견 없이 몇몇 표본을 자세히 살펴봐야겠습니다.
들여보내세요!

이 암컷들이 스페인 사람과 사이에 번식할 수 있는 게 확실합니까? 만약 아니라면 그들을 같은 인간이라고 할 수 없죠!
물론입니다. 수천 명의 여성들이 강제로 임신했고 아이들이 태어나 살아남았습니다.
그것이 신의 의지가 아니라면 달리 어떻게 설명하겠습니까?

이 논쟁은 뚜렷한 결론으로 귀결되지 않았다. 재판관들도 명확한 판결을 내리지 못했고 세풀베다와 라스 카사스는 서로 승리했다고 주장했다. 정복자들이 원주민을 대하는 방식은 조금도 바뀌지 않았다.

어쨌든 대다수 주요 당사자들에게 일은 되돌리기에 너무 늦은 뒤였다.
오늘날 연구에 따르면 정복 이후 100년이 채 지나기도 전에 아메리카 식민지화는 원주민 5,600만 명의 죽음을 불러왔다고 추정한다.
전투 그리고 정복자들이 가져온 질병들, 더 정확히 말해 '콜럼버스 발견 이전' 사회의 몰락이 불러온 결과였다.

정당한 전쟁이었으므로 원주민들의 지위에 관한 이런저런 질문을 던지는 것만으로는 원주민 말살을 막을 수 없었다.
게다가 현지의 노동력 상실은 식민지 열강들이 향후 삼각무역 형태로 노예제도를 수립하는 주요 원인으로 작용했다.

수백 년 동안 포르투갈, 스페인, 네덜란드, 영국, 프랑스 선박들이
유럽 상품들을 배에 잔뜩 싣고 아프리카 상관을 향해 떠났고
그것들을 노예와 교환해 아메리카 동쪽 해역으로 운송했으며
그곳에서 노예들이 생산한 상품을 싣고 다시 유럽으로 향했다.

지옥과 다름없는 항해 과정에서 다수 노예는 사망했고 살아남은 자들도 지배, 착취, 가혹행위, 때로는 학살을 당해야 했다.
유네스코에 따르면 노예무역 과정에서 발생한 사망자 수는 1천만 명에서 2천만 명으로 추정한다.

아프리카 대륙은 인구 대량 유출로
텅 비었고 노동능력을 상실했으며
그만큼 발전은 더디게 되었다.

이처럼 끔찍한 피해를 목격한 당시 일부
사상가들은 영토 정복에 관한 규범적 틀을
마련하고자 했지만 별 소득이 없었다.

최초의 규범화 시도는, 법에 대한
문명적 열망의 크기만큼 그 열망이 맞닥뜨린
당시 정치·경제적 맥락 속에서
한계도 컸음을 분명히 보여준다.

II

자연법이란?

17~18세기

1572년 8월
23일에서 24일로
넘어가는 밤, 파리

우지끈
?

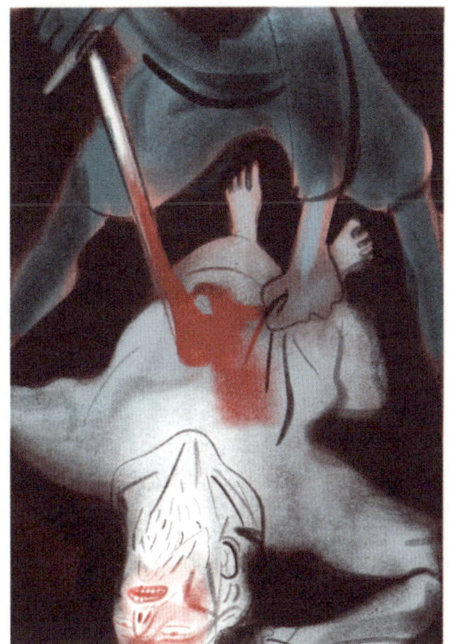
우지끈

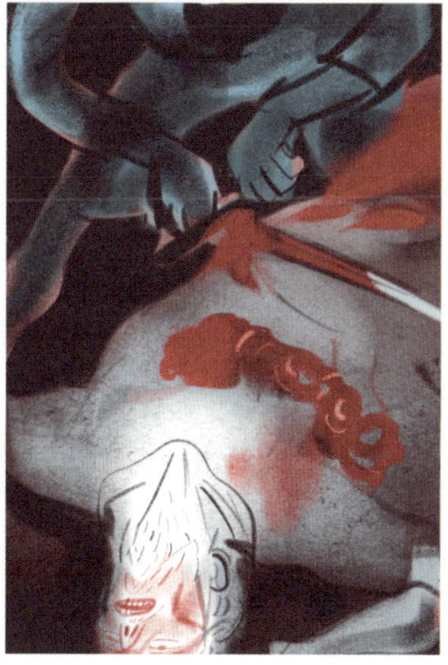

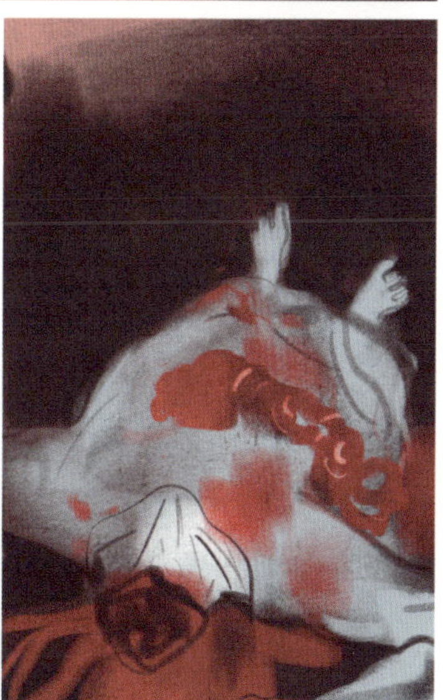

내가 이렇게
끝나다니….

몽포콩 교수대에서
교수형을 당한 후

대중과 독수리에게
넘겨질 줄이야.

죄요?
12년 전 종교개혁을
이끌었다는 겁니다.
GASPARD DE COLIGNY
하나 작은 위안이 있다면
제 머리와 몸통이
파리 리볼리 거리에서
다시 하나가 될 거라는
사실입니다.
가스파르 2세 드 콜리니
프랑스 제독
1517-1572

* 1572년 8월 프랑스에서 가톨릭과 위그노(프로테스탄트) 사이에 벌어진 종교전쟁에서, 위그노들이 학살당한 사건

그렇게 발발한 30년 전쟁(1618-1648)으로 당시 합스부르크 왕가의 통치하에 있던 스페인과 신성로마제국의 가톨릭 세력이 네덜란드 공화국, 독일 일부 국가들, 스칸디나비아 국가들을 비롯한 개신교 세력과 맞붙게 되었다…

하지만 프랑스 가톨릭 세력은 자국의 개신교도들을 학살하는 동시에 전략적인 이유로 합스부르크 가톨릭에 대응하는 개신교 열강들과 동맹을 맺었다.

그러나 열강들은
폭력으로는 모든 것을
해결할 수 없다는 사실을
깨달은 듯합니다.

그들을 비난할
생각은 없습니다.

유럽 대륙으로 퍼져나간
혼란을 종식시키기 위해
유럽의 주요 군주들이
그때까지 거의 사용한 적 없는
도구 앞에 모였습니다.

바로 협상
테이블입니다!

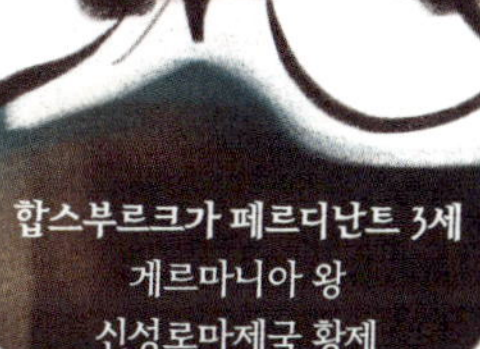

* 시쿨리(Siculi)인의 거주지인 남이탈리아와 시칠리아섬 두 영토로 이루어져 양시칠리아왕국이라고 부른다.

** 30년 전쟁 종식을 위해 열린 조약을 일반적으로 베스트팔렌 조약이라고 부른다. 하지만 내막을 들여다보면 각기 다른 날짜에 나라별로 가톨릭 도시인 오스나브뤼크와 개신교 도시인 뮌스터에서 각각 황제와 조약을 맺었다. 그러나 두 도시 모두 독일 베스트팔렌에 속해 이를 통틀어 '베스트팔렌 조약'이라고 부른다.

'베스트팔렌의 평화'를 확립한 이 두 조약은 유럽을 새로 분할하는 결과를 낳았다. 하지만 여기서 흥미로운 것은 이 조약들이 상징하는 새롭고 혁신적인 개념이었다.

당시까지 최고 권력을 행사하던 교황 중심의 신학적 질서가 사라지고, 그 자리를 국가 주권과 독립성이 대체하게 되었다.

그는 교서 젤로 도무스 데이에서 베스트팔렌 조약을 위법으로 규정했다.

새로 등장한 국가 주권이라는 개념은 두 가지 측면에서 사용되었다.

이러한 상황에서 당대 사상가들에 의해 최초의 사회계약 이론이 등장했다.

토머스 홉스
영국 철학자
1588-1679

국가의 유일한
정당한 권력을 의인화해
오른손에 칼, 왼손에 주교 지팡이를
든 리바이어던의 이미지를
만든 게 바로 저입니다.

국가는 자국 영토 내에서
향후 '정당한 폭력의 독점'이라고
불릴 권리와 법을 제정할 수 있는
독점권을 부여받게 됩니다.

그 대신 군주(주권자)는
시민의 평화, 안전,
개개인의 권리 수호를
보장해야 하죠.

한 국가의 주권은 그 정의에 따라 다른 국가의 주권에 의한 제약을 받는다. 따라서 우리는 외부적 차원에서도 주권의 효력을 생각해 볼 수 있다. 다시 베스트팔렌 조약을 살펴보자.

뮌스터 조약 제3조

황제와 프랑스 국왕, 선제후*, 대공, 제국의 국가들 사이에 상호 친교가 더 단단하고 진실히 유지될 수 있도록(하기 보증 조항 제외) 일방은 상대방에 대해 어떤 명목이나 구실, 혹은 불화나 전쟁을 이유로 무기, 자금, 군사를 비롯한 어떤 종류의 군수품이나 다른 어떤 방법으로도 상대방의 현재 또는 미래의 적을 조력해서는 안 된다. 또한, 이 평화안에 속하는 당사국 중 일방에 대항해 주도될 수 있는 어떤 집단도 자국 영토 내에 수용하거나 머물게 하거나 자국 영토를 지나가게 내버려 두어서도 안 된다.

* 신성로마제국에서 독일 황제의 선거권을 가졌던 7명의 제후

그러나…

내정불간섭?

우리한테도
간섭 안 해?

어….

이스마일 이븐 샤리프
모로코 술탄
재위 1672-1727

좋은 소식이오,
친구들! 우리도 주권
국가라네!

베스트팔렌 조약이 다룬 주권의
평등은 당시 식별 가능했던
주권국가들, 즉 유럽 국가에만
해당되었다.

우리가 한 말은
그게 아니고…

라마티보디 3세
태국 왕
재위 1656-1688

너희 말고
'우리'가 주권자라고!

안드리안다히포치
마다가스카르 군주, 17세기 후반

따라서 주권이란 그 후로도
한참 동안 포교(종교적 측면)와
제국주의(정치적 측면)가
반드시 필요한 것으로 보이는
유럽 이외 민족들에게는
해당되지 않았다.

아! 지나친
신사적 말투였군.
그럼 20세기에
다시 이야기하는 걸로?

바로 그거야,
그러자고!

카우-울루포누아 3세
통가 왕, 17세기

잠깐! 그럼 '주권'이 당시
유럽의 몇몇 국가들만
보호했고 다른 지역 국가에는
그들의 시각을 강요할 수 있게
해줬다는 말이야?

첫술에 배부를 수는 없는
법이니까….

---

* 스페인 왕이 후사를 남기지 않고 사망하자 스페인 왕위를 놓고 유럽 각국이 벌인 전쟁(1701-1714)을 가리킨다. 참전국은 프랑스·스페인·영국·오스트리아·네덜란드 등이었다. 이 전쟁에서 프랑스는 크게 패해 식민지를 상실했고 경제적으로도 큰 피해를 입었다.

** 오스트리아 합스부르크가와 프로이센 간의 영토 분쟁

이 주권 개념 옆에서 '정당한 전쟁'이라는 개념도 자신만의 길을 묵묵히 걸어나갔다.

그것은 17세기, 그리고 오늘날에도 여전히 국제법의 주요 인물로 일컫는 네덜란드 사상가의 저서에 등장한다.

휴고 그로티우스
네덜란드 사상가
1583-1645

그로티우스라고 부르게.

그는 '똘똘'하다고 불리는 아이였다.
그는 불과 8세에 그 어려운 라틴어로 시를 썼다.

얍!

11세에는 레이던 대학교에 입학했고

얍!

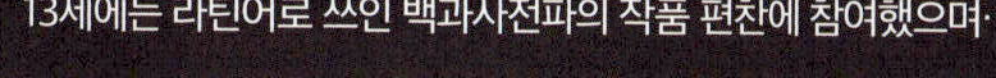

13세에는 라틴어로 쓰인 백과사전파의 작품 편찬에 참여했으며…

얍!

ENCYCLOPEDIA
ENCYCLOPEDIA

15세에는 처음으로 외교관의 임무를 수행했다.

얍!

그는 당시 주요 사건들의 중심에 있었다. 헤이그의 변호사가 되었고, 이후 로테르담 주지사가 되었으며, 종교적 관용주의를 수호했다.

하지만 그의 관용주의는 오라네 공* 의 반감을 샀다.

그 일로 그로티우스는 종신형을 선고받았다.

그러나 3년 후… 그는 책 상자(문학적 소양이 높았던 것이 유리하게 작용…) 속에 몸을 숨기고 탈옥해 프랑스로 망명했다.

망명을 받아준 프랑스에서 그는 대부분의 저서를 집필했다.

그 후 30년 전쟁의 일환으로 프랑스와 스웨덴이 동맹을 맺자 주프랑스 스웨덴(당시 유럽의 초강대국 중 하나) 대사로 10년 동안 일했다.

그리고 베스트팔렌 조약 협상에 대사 자격으로 참여했다.

* 오라네(오랑주)는 현재의 프랑스 프로방스 지역에 위치했다. 1713년 프랑스에 양도된 공국으로, 대대로 네덜란드 군주 가문의 명칭이다.

그는 저서에서, 법은 이성 및 인간의 자연적 본성에 합치해야 한다는 생각을 전개했다. 그래서 이성과 인간의 본성의 결과물인 규칙은 영속성과 보편성을 지니며, 규칙의 총체인 법은 개인뿐만 아니라 국가의 모든 행위도 규율해야 했다.

* 전쟁 중 군의 명령으로 교섭 임무를 띠고 적군에 파견되는 사람. 휴전이나 항복을 권고하는 임무 따위를 하며 표지로 흰색 기를 사용한다.

국제법 역사에서 그로티우스가 이 같은 위상을 차지한 것은 그가 해양 공간에 적용할 수 있는 규칙들의 초석을 다졌기 때문이기도 하다.

* 남아메리카 최남단에 있는 섬

이 주제를 놓고 그로티우스가 당대 이론가와 논쟁을 벌인 일화는 지금까지도 유명하다.
유럽의 초강대국들은 우세한 해군력을 보유한 덕분에 다양한 해양 지역을 독점적으로 지배할 수 있었습니다.
존 셸던, 영국 법학자, 1584-1654
예를 들어, 스페인은 아메리카 대륙 남쪽 끝인 마젤란 해협을 통제하고 있죠.
따라서 두 대양을 오가는 통행로를 규제하는 겁니다.
태평양
제 견해에 따르면 이러한 지역은 마레 클라우섬, 즉 '닫힌 바다'로 보아야 합니다.
대서양
나는 동의 못합니다, 친애하는 셸던 선생!
MARE LIBERVM SIVE DE IVRE QVOD BATAVIS COMPETIT AD INDICA. NA COMMERCIA
반대 증거가 이 짧은 저서에 나와 있어요.
제 집에서 편안하게 토론하는 게 어떻습니까?

* 《해양자유론》

바다는 그 누구의 소유도 아닙니다.
모든 국가가 자유롭게 항해할 수 있어야죠.
A4, B3, C5…
그건 아니죠.
갤리선 터치.
고대로부터 인간들은 주변 바다로 자신의 통제력과 지배력을 행사해왔습니다.
해상 강대국만 해적질과 같은 해상 위험으로부터 우리를 지켜줄 수 있죠.
그러니 그들에게 해상 지역에서의 전속관할권을 인정해 주는 것이 정당합니다.
절대로 동의 못합니다!
공기는 그 누구에게도 귀속될 수 없죠.
그처럼 자연은 바다를 우리 공동의 것으로 삼는 것을 허락하며 또 요구합니다.
E1, E2, E4…

* 2~4개 돛대에 세로돛을 단 서양식 범선(帆船)

동기가 무엇이었든, 바다를 자유롭고
개방된 공간으로 보는 관점이 승리하면서
어떤 강대국도 바다의 독점적 이용을
주장할 수 없게 되었다.

H6, H7, H8

반면, 각국은 당시 대포의
최대 사정거리였던 3해리(약 5.5km) 내의
자국 '영해'상의 주권을 주장했다.
이 체제는 20세기 후반이
되어서야 수정되었다.

세 발은
바다에 쏘겠소, 선생.

멋진 승부였소,
선생.

선생, 우리가 나눈 즐거운 논쟁이 지금 이 시대가 그렇듯이 미래에 국제법이라고 불릴 규칙의 양면성을 보여주는 것 같지 않습니까?
제가 맞춰보죠, 선생. 동전 뒷면에는 정의에 대한 고심, 앞면에는 권력관계의 그늘이…

하하, 선생께서는 해전 게임할 때보다 제 생각을 더 잘 읽는군요!
그럼 종교에 대해서는 어떻게 생각하십니까?
종교요?
권위의 근원이자 정당화 요인으로서의 종교는 사라지지 않았죠.

맞습니다! 리바이어던은 왼손에 주교 지팡이를 단단히 쥐고 있으며, 베스트팔렌 평화조약을 체결한 강대국들은 스스로 '매우 기독교적'이라고 주장했죠.
하지만 선생께서는 신의 의지, 더구나 교황의 의지는 더 이상 국가의 행위를 정당화하기 위한 주요 논지가 될 수 없다는 제 의견에 동의하셨지 않습니까?
빨리 설욕전 한 판 할까요?

실제로 사람들은 '자연'이나 '이성'에 더욱더 의존하게 되었고, 이는 향후 프랑스혁명의 결과, 진정한 숭배의 대상이 되었다.

지금까지 나는 법의 이점이 명료성에 있다고 생각했어.
하하!!!
당신도 슬슬 깨닫기 시작하는군.
그렇지… 하지만 지금은 18세기밖에 안 됐잖아. 이후에 법이 명료해질 수도 있지 않을까…
그건 두고 보자고.
빨리 설욕전 한 판 할까?

III

문명의 신성한 임무?
서구의 의지

19세기

19세기는 제대로 된 국제법 학설이 등장하면서 종종 '국제법의 황금기'로 평가된다.
파스쿠알레 만치니
로마 교수 및 이탈리아 전 법무부 장관
1873년 9월 10일 오늘...
헨트 호텔 병기고에서 여러분과 이렇게 모이게 되어 큰 영광입니다.

11명의 저명한 국제법 전문가들인 여러분과…
아우구스토 피에란토니
토비아스 M.C.아서르
카를로스 칼보
블라디미르 베조브라조프
데이비드 더들리 필드

국제법 학회를 창립하기 위해서죠.
모두에게 진실과 정의를!
귀스타브 롤린-자크민스
요한 카스파 블룬칠리
귀스타브 무아니에
에밀 드 라블레이에
제임스 로리머

모든 민족의 독립! 무력 남용으로부터 약자 보호!
이야말로 우리의 신조가 되어야 합니다!

무력 남용을 바로잡기 위한 우리의 목표는 분명합니다. 소수의 저명한 법학자들의 자유로운 활동을 통해 문명화된 세계의 법적 견해를 확인하고

다양한 국가에서 법적 견해가 대외관계의 규칙으로 수용될 수 있도록 분명하고 정확히 표현하는 것입니다.
하지만 우리가 과학자라는 사실을 잊지 맙시다!
우리는 법을 짓고 만드는 것이 아니라 모든 인간이 공유하는 양심인 공정함 속에서 법을 찾고 발견해야 합니다.

과학은 법을 위해 일하고!
법은 정의를 위해 일하며!
정의는 인간을 위해 일한다!
브라보!
레오폴 2세
1835-1909
벨기에 왕국 군주
이 고귀한 단체의 성공을 위해 내 모든 뜻과 염원을 바치겠소!
문명, 과학, 정의, 양심…
그거면 됐소.

맨 먼저 서구 국가들과 나머지 세계의 관계에 대해 다룹시다.

아프리카

베를린회의

두 번째로 이 국가들 간 국제법 법칙의 발달 사항을 다루죠.

빈회의

드디어 왔구나!
국제법이 형태를 갖추고
꽃피우는 시대가!
내 사랑.
당신은 정말
낙천적이라니까!
조금 더 읽어보고 다시
이야기하자고….

* 남미의 백인과 흑인의 혼혈 인종
** 서인도 제도의 동부, 소앤틸리스 제도에 있는 섬. 두 섬으로 이루어졌으며 프랑스령이다.

1802년 4월 나폴레옹 군대 소속 병사 3,500명은 7년 전부터 금지된 한 관행을 되살리기 위해 과들루프에 도착했다.

집정관 보나파르트는 1789년 프랑스혁명으로부터 성취한 '식민지에서의 노예제 폐지'라는 근본적 성과를 폐기하는 중이었다.

ÉGALITÉ   MARINE   LIBERTÉ

법

흑인 노예 매매 및 식민지 제도에 관한

제1조. 혁명력 10년 제르미날 6일, 아미앵 조약의 시행으로서 프랑스에 반환된 식민지에서는 1789년 이전의 법과 규범에 따라 노예제가 유지된다.
제2조. 케이프 오브 굿 호프*를 넘어 그 외의 프랑스 식민지에서도 이는 동일하다.
제3조. 흑인 노예 매매와 상기 식민지로의 노예 수입은 1789년 이전에 존재했던 법과 규범에 따라 시행한다.

1802년 5월 10일 프랑스 식민지 7제도 중 하나인 바스테르에는 레지스탕스들이 쓴 벽보가 붙었다.

전 세계에 고하는 결백하고 절박한 최후의 외침

오늘날 폭정이 부르짖는 가장 잔인한 원칙은 도를 넘었다. 예전 폭군들은 주인이 노예를 해방하도록 허락했다. 하지만 불행히도 지금과 같은 철학의 시대에 과도한 권력을 손에 쥔 인간들은 흑인이나 흑인으로부터 유래한 이들을 노예제라는 철창 안에 가두려고 한다.

나도 저들과 함께 싸우고 싶어.

반란 노예 '마롱**'을 이끈 것은 바스테르의 무장 반란군 장교들이었다.

자네 뱃속 아이는 어쩌고?

다 이 아이를 위해서예요.

루이 델그레스
반란군 수장

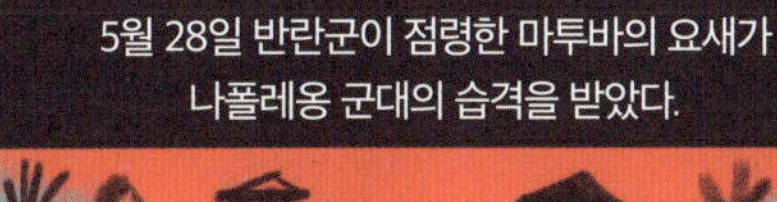

5월 28일 반란군이 점령한 마투바의 요새가 나폴레옹 군대의 습격을 받았다.

적의 수가 너무 많습니다! 힘으로 돌파해봅시다.

안 돼!

어차피 죽을 거라면 화끈하게 죽자고!

* 희망봉
** 밤, 밤색이라는 뜻

자유가 아니면
죽음을!

폭발에도 살아남은 소수의
사람들은 붙잡혀 처형되었다.

하지만 솔리튀드만은
예외였다. 그녀는
출산일까지 투옥되었다.

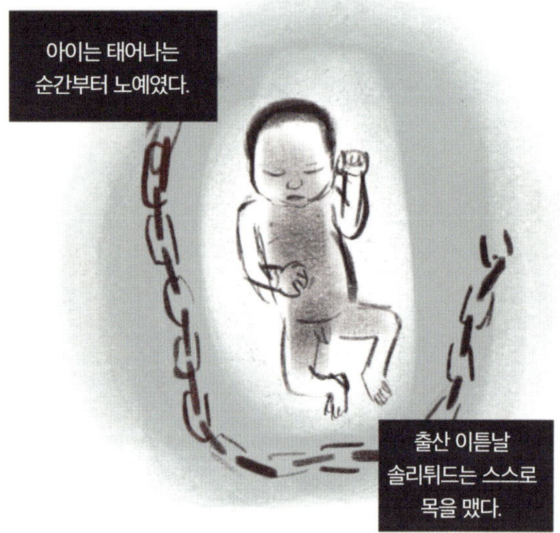
아이는 태어나는
순간부터 노예였다.
출산 이튿날
솔리튀드는 스스로
목을 맸다.

음, 미안한데...

'국제법의 시대'는
이렇게 시작되었어!
에이, 아무리 그래도 차츰
나아지겠지! 분명히 '국제법의
황금기'라고 했잖아.

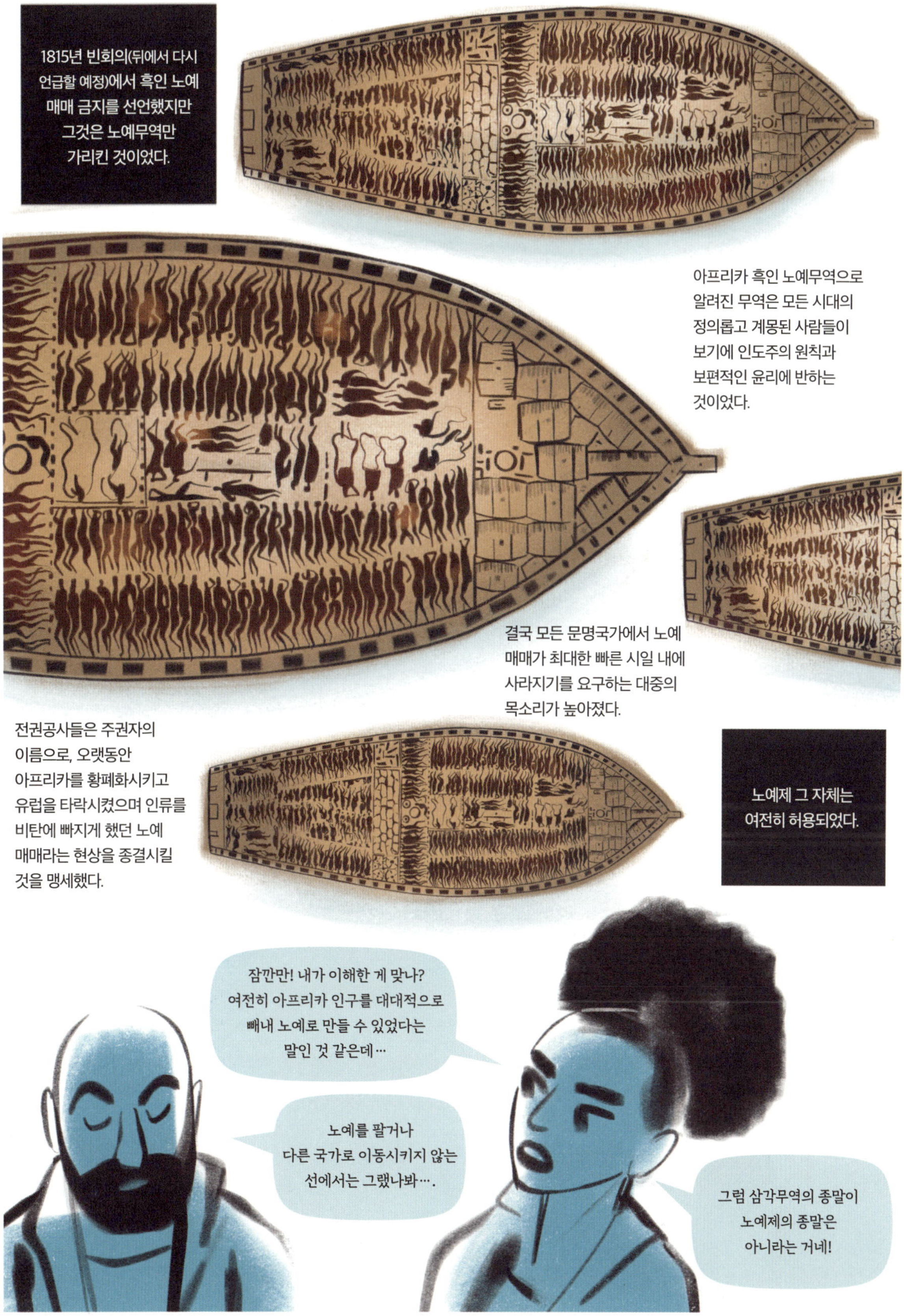

1815년 빈회의(뒤에서 다시 언급할 예정)에서 흑인 노예 매매 금지를 선언했지만 그것은 노예무역만 가리킨 것이었다.

아프리카 흑인 노예무역으로 알려진 무역은 모든 시대의 정의롭고 계몽된 사람들이 보기에 인도주의 원칙과 보편적인 윤리에 반하는 것이었다.

결국 모든 문명국가에서 노예 매매가 최대한 빠른 시일 내에 사라지기를 요구하는 대중의 목소리가 높아졌다.

전권공사들은 주권자의 이름으로, 오랫동안 아프리카를 황폐화시키고 유럽을 타락시켰으며 인류를 비탄에 빠지게 했던 노예 매매라는 현상을 종결시킬 것을 맹세했다.

노예제 그 자체는 여전히 허용되었다.

실제로 국제적인 노예무역은 종결되었지만, 서구 국가들은 자신들에게 엄청난 노동력을 제공하던 보물창고를 포기할 생각은 없었다.
모든 게 정말 탐나는데!
그래서 그들은 식민화를 가속화했다.
나도 그래!
유럽 국가들은 그렇게 진정한 의미의 정복 경쟁에 뛰어들었다.
특히 아프리카 대륙으로 말이야.
1885년 나는 베를린에서 성가신 이웃이자 회담의 주요 당사자인 프랑스와 영국을 맞이했지.
오토 폰 비스마르크
독일제국 수상
1815-1898
그 밖에도 작은 신생국인 벨기에를 비롯한 많은 국가들이 있었답니다….

베를린회의에서는 도덕 원칙을 내세우며 아프리카를 각국의 세력권으로 분할하는 협상이 진행되었다. 일반의정서는 유럽 국가들에 의한 아프리카 영토의 획득 조건을 규정했다.

베를린 일반의정서 서문

전지전능하신 하나님과 상업 및 문명 발달의 이름으로…

제34조

현재 소유한 영토 외에 아프리카 대륙의 해안과 영토를 차지한 강대국은 그 땅의 잠재적 영유권을 주장하기 위해서는 다른 강대국에게 영토 차지 사실을 고지해야 한다.

이러한 방식으로 이 조약은 식민지 열강들 사이에 공공연히 갈등이 생기는 것을 막을 수 있었다. 그러나 이 조약은 매우 자의적으로 해석되었고 아프리카 대륙의 상당한 영토 정복을 정당화했다.

프랑스의 '중앙아프리카- 차드' 미션, 일명 '불레- 샤누안' 임무는 이를 상징적으로 보여주는 끔찍한 예다.

우리는 차드 호수 쪽에 있는 영토에 침투하고 그곳을 정복하는 임무를 맡았습니다.

폴 불레
프랑스 대위, 1866-1899

질리앵 샤누안
프랑스 대위, 1870-1899

임무를 위한 원정대는 소수의 프랑스 장교와 의사, 600명의 세네갈 원주민 보병과 100명의 원주민 기병,
대포 1문과 2천 명의 비전투원, 운반인, 여성들로 꾸려졌다.

현지 족장과의 협상으로는 모든 문을 열 수 없었다.
… 식량과 짐꾼들도 필요하오.
추장께서는 불가능하답니다.

그래서 다른 방법이 사용되었다.

다시 또…
폭력을 써야만 말이 통하는 미개인들에게 타협과 외교는 필요없어!

일부 현지인들은 저항했다. 니제르 서부에서 프랑스 부대는 상징적 인물인 사라우니아 망구와 맞붙었다.
사라우니아는 '여왕—마녀'라는 뜻이에요.

* 아프리카에만 존재하는 정신적 열병의 일종으로, 니제르에 임무를 나갔던 폴 불레와 쥘리앵 샤누안이 니제르에서 저질렀던 범죄의 원인으로 지목되었다.

* 오늘날 탄자니아에 속한 섬
** 리빙스턴 구조를 위해 아프리카에 간 헨리 모턴 스탠리가 처음 리빙스턴을 만나 '리빙스턴 박사님 아니십니까?(Dr. Livingstone, I presume?)'라고 물었다는 일화를 빗댄 표현

베를린회의에서 내 외교관들이 한 만큼 일을 잘했지.
벨기에는 어떻게 할까요? '콩고자유국'을 줄까요?
좋아요. 그 대신 콩고 분지에서의 상업의 자유를 인정하세요.
콩고 강에서의 항행의 자유도요! 가장 중요한 것을 잊어서는 안 되죠!
저 탐욕스러운 놈들보다 정신 나간 왕이 낫겠지.
프랑스가 못 가진다면 뭐!
쟤들보다 중립국인 벨기에가 갖는 편이 낫지….
좋아! 그렇게 나는 AIC와 작별하고 회담에서 박수갈채와 함께 콩고자유국을 할당받았지.
내 사유지에 불과한 이 '자유국'을 나는 브뤼셀 궁에서 몇몇 고문들과 함께 탐(욕)스러운 사업가로서 통치했어….
그 면적이 프랑스의 4배에 달하고 벨기에의 70배에 달하지만 말이야!
콩고자유국, 두 번 노크하시오*

벨기에의 외교적 성과는 인도적인 논거와 특히 노예제도와 흑인 노예 매매 근절에 크게 기여했다.

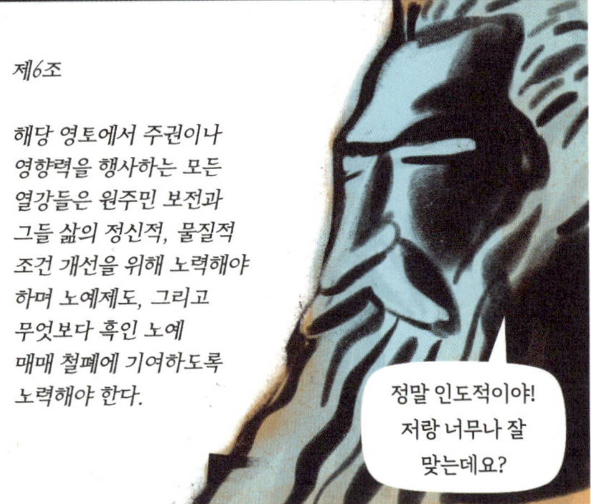
1885년 베를린회의 일반의정서에 명시된 내용이다.

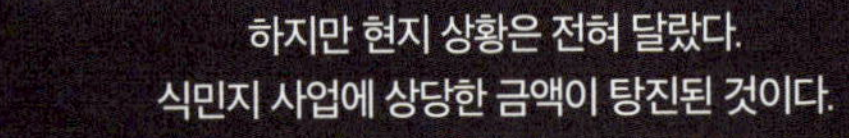

하지만 현지 상황은 전혀 달랐다. 식민지 사업에 상당한 금액이 탕진된 것이다.

현지 노동력으로부터 얻는 수익을 극대화하기 위해 극단적인 방법들이 동원되었다.

이루 말할 수 없는 잔혹한 방식으로 발생한 희생자 수는 수십만, 수백만 명까지 달하는 것으로 추정된다.

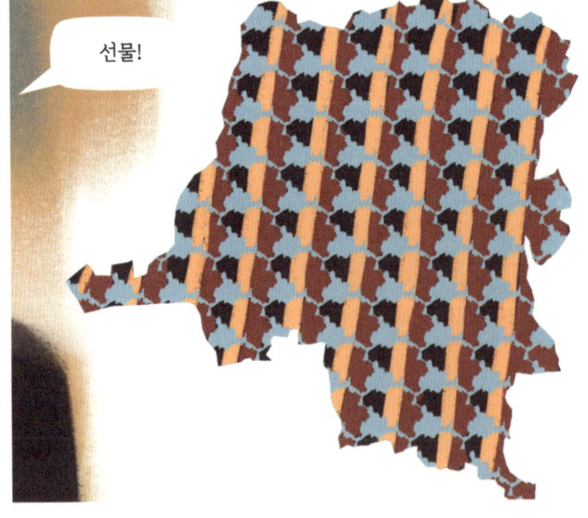
스캔들 이후 벨기에 왕 레오폴 2세는 1908년 콩고자유국을 벨기에 정부에 양도할 수밖에 없었다. 경쟁 관계에 있는 다른 열강들에게 빼앗기지 않기 위해서였다.

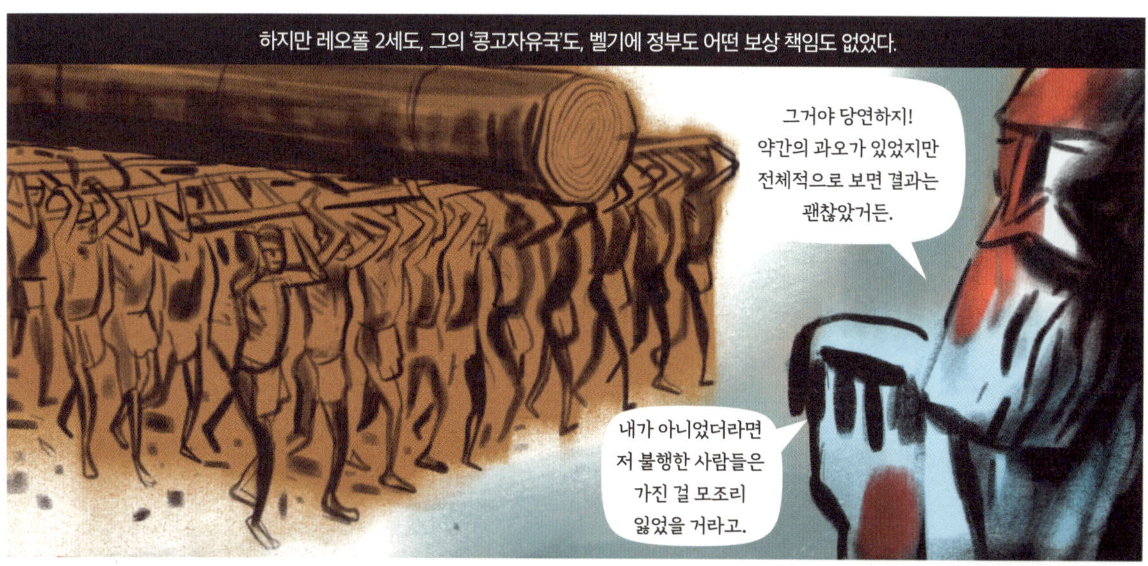

하지만 레오폴 2세도, 그의 '콩고자유국'도, 벨기에 정부도 어떤 보상 책임도 없었다.
그거야 당연하지! 약간의 과오가 있었지만 전체적으로 보면 결과는 괜찮았거든.
내가 아니었더라면 저 불행한 사람들은 가진 걸 모조리 잃었을 거라고.

19세기 말은 '강제 노역'이 온전히 허용되던 시대였다.
보라고!
이웃 식민제국들이 나를 가르치려고 들 입장이 아니라니까.
다른 식민제국과 마찬가지로 그도 철도 건축, 상아 및 고무 확보를 위해 콩고인들의 노동력을 빌려 썼다.

그 모든 것을 본국의 부를 위해 사용했다.
저 상아 기둥 좀 보게, 훌륭하구먼!
꼭 혜택을 보지 못한 이들이 앞장서서 비난하더라고!

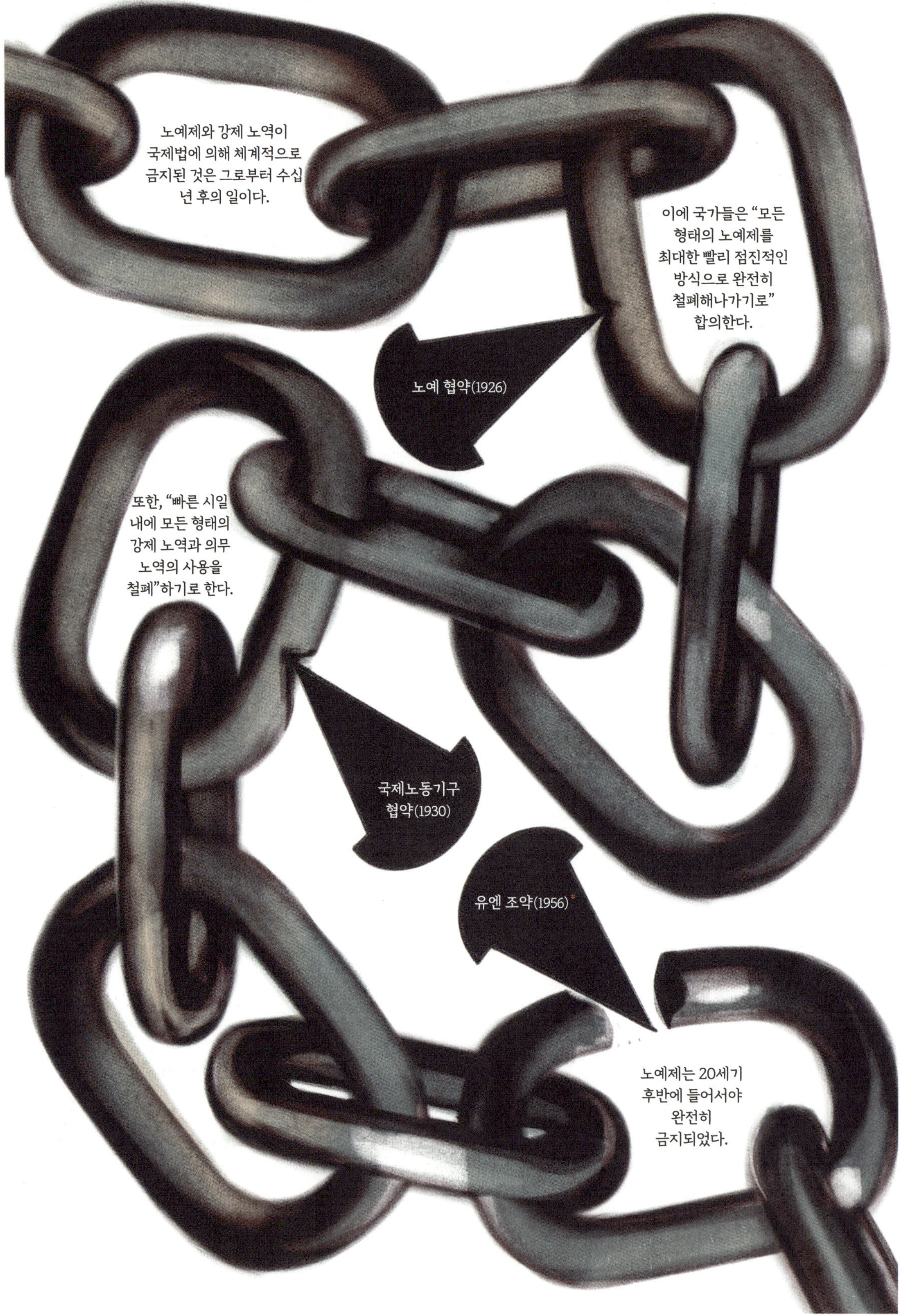

* 노예제, 노예 매매 및 노예제와 유사한 제도와 관습의 폐지에 관한 보충협약

뭐, 어쨌든 되기는 됐네… 1956년에는!

그래도 국제법이 진일보했다는 건 반박할 수 없는 사실이잖아….
자본주의가 진일보했다는 걸 반박할 수 없는 거겠지!

그게 다 '강제 노역자'들을 관리하고 반란을 억제하는 비용이 너무 많이 들었기 때문이야.
그들에게 이론적이나마 '자유'를 주는 게 훨씬 싸게 먹혔으니까!

애덤은 그걸 이미 알고 있었어!
애덤이라니, 무슨 소리야?
애덤 스미스 말이야. 자유주의 경제이론의 아버지! 심지어 1950년이 아니라 1776년부터 그렇게 말했어.

노예제는 윤리적으로 비난받아 마땅할 뿐만 아니라…

《국부론》

BY
ADAM SMITH, LL. D.
AND F. R. S. OF LONDON AND EDINBURGH:
ONE OF THE COMMISSIONERS OF HIS MAJESTY'S CUSTOMS IN
SCOTLAND;
AND FORMERLY PROFESSOR OF MORAL PHILOSOPHY
IN THE UNIVERSITY OF GLASGOW.

IN THREE VOLUMES.
VOL. I.

A NEW EDITION.

PHILADELPHIA:
PRINTED FOR THOMAS DOBSON, AT THE
HOUSE, IN SECOND STREET.
MDCC LXXXIX.

경제적으로도 손해입니다!

애덤 스미스
1723-1790
스코틀랜드 철학자
및 경제학자

그리고 산업화,
노동의 기계화와 함께
프롤레타리아가 노예를
대신하게 된 거지.

잠시 머리를
식히기 위해
게임이나 해볼까!

'매일 15시간 노동하고
겨우 생존할 만큼의
대가를 받는 것'이 뭘까?
두 글자야.

그거야 '노예'지.

잘했어.
이번엔 여섯 글자야.
'매일 똑같이 15시간 노동하고
겨우 생존할 만큼의 대가를
받는 것'은?

음… 음….
'프롤레타리아'?

잘 맞추네!

또 맞춰 봐.
다섯 글자야.

'매일 15시간 일하고 겨우 생존할
만큼의 급여를 받으며 가정을 위해
대가 없이 여러 시간 동안
추가적으로 일하는 것'은?

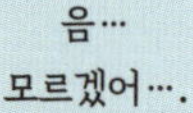
음…
모르겠어….

'맞─벌─이─여─성',
이 바보!

이쯤 되면 국제법 선도자께서는 이렇게 말할 것 같은데? "하지만 친애하는 부인, 정부도 법도 가정의 영역까지 규제할 자격은 없습니다."
당신이 그 말을 할 줄 알았어. 그 시절 국제법은 아메리카 원주민이나 아프리카인, 아시아인, 가난한 사람들, 그리고 여성들에 관한 법이 아니었다는 거지?
그건 나만의 생각이 아니야! 로리머 씨가 스스로 한 말이라고!

문명은 모두에게 주어지지 않았습니다.
이걸 보면 당시 우리가 세상을 바라보던 시각을 더 분명히 알 수 있을 겁니다.
원시 세계
미개인 세계
문명화된 세계
그렇지 않소, 파스쿠알레?

물론이오,
제임스!

'국제법'은
주로 유럽 국가들,
그리고 아메리카에
적용하도록
고안한 것이죠.

프랑스 동료가 쓴
이 훌륭한 저서는
내용 요약이 아주 훌륭해
펼쳐볼 필요도 없을
정도랍니다!

《동시대 과학 및 관습의 발전에 따른
유럽 및 아메리카의 국제공법 개론》

폴 프라디에-포데레,
카미유 프라디에-포데레

그래요. 우리 학설이
강대국들 사이의 관계를
점진적으로 '문명화하는'
데 사용되었다는 사실은
부인할 수 없네요….

로마는
하루아침에 탄생하지
않았으니까요!

국제법은 이처럼
서구 국가들 사이에서
발전했으니…

19세기 초…
유럽의 중심부로
돌아가 봅시다.

프랑스 혁명이 끝난 후 유럽은 이 책의 3부에서 살펴본 앤틸리스 제도의 비극을 낳은 나폴레옹 전쟁이 불러온 혼란에 빠져 있었다.
나는 군사들의 꿈으로 나의 전투에서 승리했노라.
1804년 5월 스스로 프랑스 황제라고 선포한 그의 야심은 끝을 모르는 듯했다.
하지만 영국, 러시아, 오스트리아, 프러시아 4자 동맹이 브뤼셀 남부에서 나폴레옹 군대와 싸워 승리했다. 
위털루! 위털루! 위털루! 구슬픈 평원이여! 가득 찬 항아리 속에서 일렁이는 물결처럼 숲, 언덕, 골짜기에서의 네 으란법석 속에서 창백한 죽음의 어두운 전투원들과 뒤섞인다. 한쪽에는 유럽이 다른 한쪽에는 프랑스. 피로 물든 충격이여! 신께서 희망을 레버린 주인공들이여. 너는 승리를 레버렸고 운명은 무기력하구나. 위털루여! 슬포도라! 나는 울고 여기서 멈춘다.
친구여, 자네는 혼자가 아니라네.
빅토르 위고
1802-1885
프랑스 시인, 극작가, 작가

* 오늘날 벨기에 지역으로 이곳에서 워털루 전투가 벌어졌다.

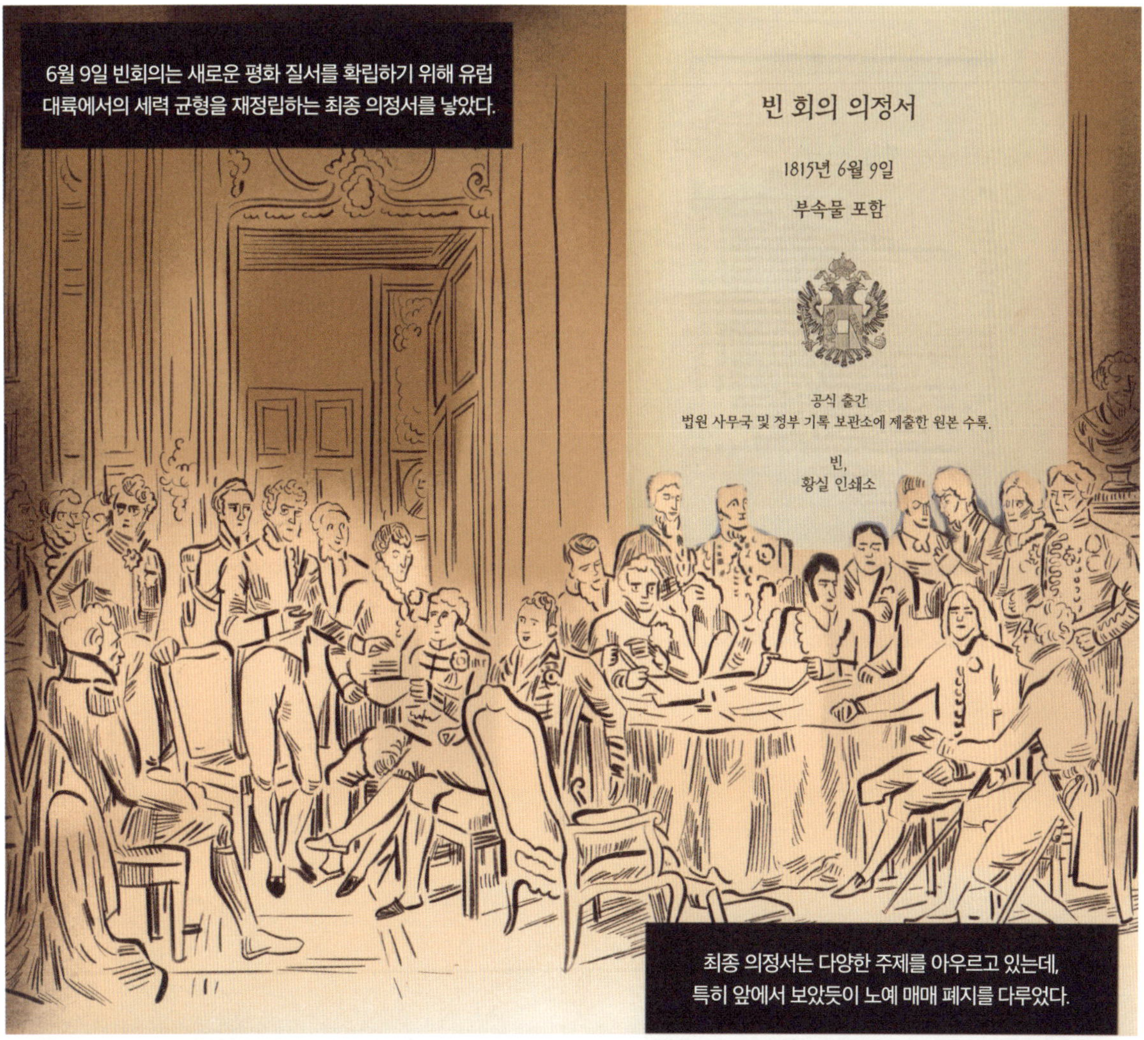

*   의식이나 회합 등에서 윗자리에 앉을 권리
**   전권공사가 직무를 수행할 수 없을 때 일시적으로 그 직무를 대신 처리하는 외교관. 정식 외교사절이 아니다.
*** 국가를 대표해 파견되는 외교사절. 외교부 장관의 감독과 훈령을 받아 조약국에 상주하는 외교사절로, 대사에 버금가는 계급이다.=공사
**** 나라를 대표해 다른 나라에 파견되어 외교를 맡아보는 최고 직급 또는 그런 사람. 주재국(駐在國)에 대해 국가의 의사를 전달하는 임무를 가지며 국가 원수와 그 권위를 대표한다.

또한, 빈회의에서 모든 열강들은 유럽을 관통하는 여러 개의 국제 하천(라인 강, 뫼즈 강*, 모젤 강**, 스헬더 강***)에서의 자유항행 원칙을 주장했다.

19세기를 지나며 등장한 유럽 국가들의 모임이라는 이미지는 공동이익의 관리를 목적으로 형성되기 시작했고 이는 통신 발달과도 연계되었다. 빈회의에서 시작된 제도화는 이후 수십 년 동안 그 규모가 더 확대되었다.

국제 전기통신연합(1865)

만국 우편연합(1874)

유럽 다뉴브위원회(1856)

---

* 프랑스·벨기에·네덜란드를 흐르는 강. 네덜란드에서는 마스(Maas)강이라고 한다. 길이 950km.

** 독일 라인강의 왼쪽 지류. 프랑스 동북부 보주주에서 발원해 북쪽으로 흘러 독일과 룩셈부르크의 경계를 이루고 코블렌츠에서 라인강으로 들어간다. 길이 545km.

*** 프랑스 북부, 벨기에 서부와 네덜란드 남서 지방을 흐르는 강으로 길이 350km.

19세기 유럽에서 발전한 국제법은, 특정한 가치와 이익을 공유하는 독립국가들 사이의 공존을 보장했답니다.
여신 에우로페
유럽 대륙의
공동 가치의 상징
최근 통일된 일부(독일과 이탈리아)를 포함한 민족국가들은 서로 동등하게 여기며, 인정받은 국경에 의해 분리됩니다.
하지만 유럽 국가들 간의 관계만으로 한정하더라도 법의 발달 과정은 계몽주의 정신의 발달에서 보인 선형적 진보와는 달랐습니다.
정치적 차원에서 국가들 간 권력관계에 따라 지속적인 갈등에 맞닥뜨렸죠.

윤리와 정치가 지속적으로 갈등을 빚었던
이러한 상황을 가장 잘 보여주는 예가
바로 '국제인도법'의 탄생이다.

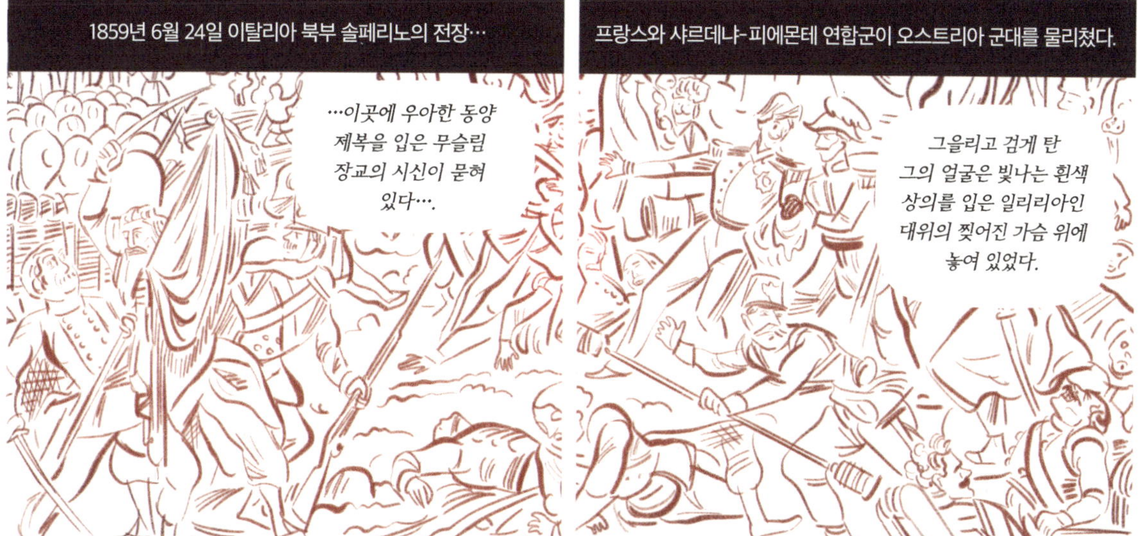

* 이탈리아 북부 솔페리노에서 벌어진 전투로, 이탈리아 독립을 둘러싸고 유럽 여러 나라가 참전했다. 이때 이 지역을 우연히 지나간 앙리 뒤낭은 믿을 수 없을 만큼 참혹한 모습을 보고 《솔페리노의 회상》을 자비로 출간했다.

전투는 4만 명에 가까운 전사자와 부상자를 낳았다.
…인간의 조각난 살점들로부터 혈액이 수증기처럼 뿜어져 나왔다.

앙리 뒤낭은 대부분 여성으로 이루어진 현지 자원봉사자들의 도움으로 한 성당에 임시병원을 차렸다.
그들의 (중략) 갈증을 해소시키고 상처 부위를 씻기 위해 깨끗한 물이 담긴 항아리와 양철통을 각자 가지고 왔다.
…그들은 내가 보인 시범에 따라 자신들 모두에게 이방인이며 출신이 제각각인 남성들에게 똑같이 친절히 대했다.
'투티 프라텔리 (모두가 형제다).' 그들은 감정을 담아 반복해 말했다.

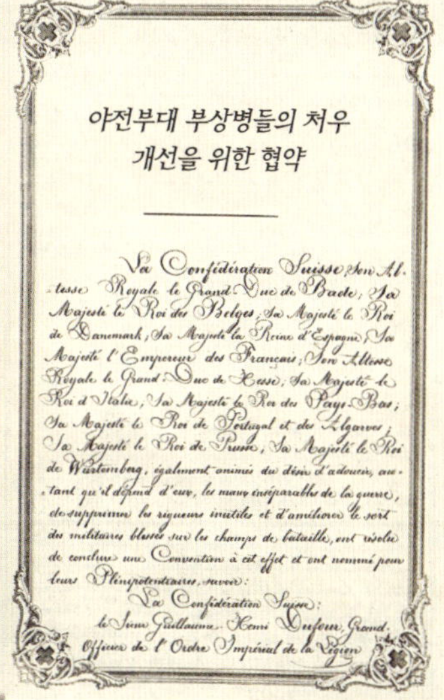

*   적의 항복을 받아내는 데 요구되는 정도의 정규 병력을 사용할 수 있다는 원칙

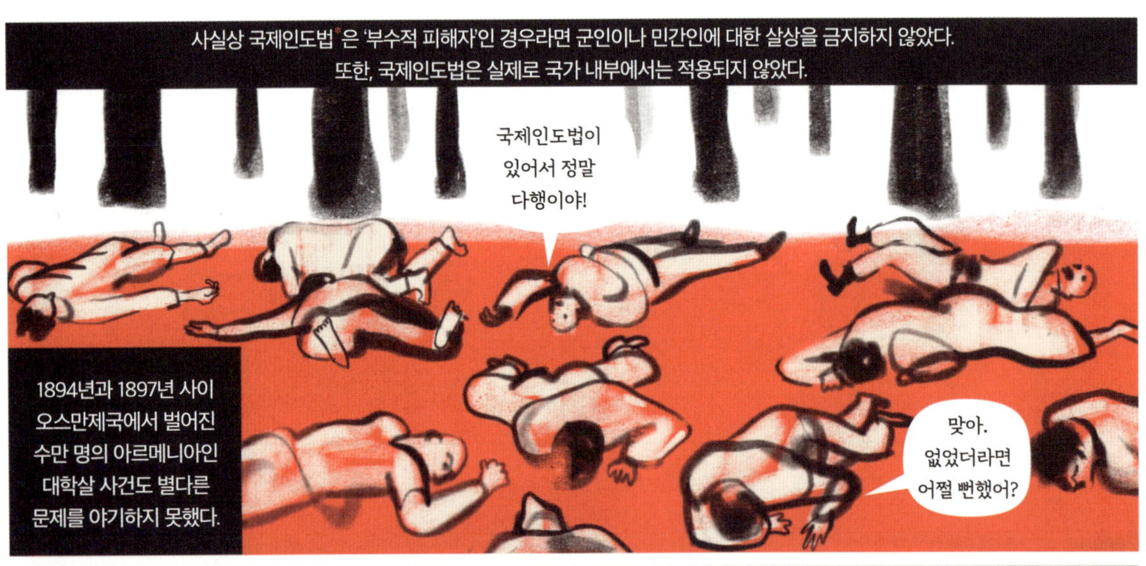

* 국제사회의 무력 분쟁에서 각국 국민들을 효과적으로 보호하기 위해 만든 전시(戰時) 법규
** 오랫동안 오스만제국의 지배 아래 있던 그리스는 19세기 초 독립을 선언했다. 그러자 오스만제국은 그리스 공격에 나섰고, 그리스 독립을 지원하기 위해 유럽 여러 나라가 합세했다. 결국 오스만제국을 물리친 그리스는 독립했지만 뒤이어 간섭에 나선 영국 세력의 힘에 종속되고 말았다. 그리스 독립전쟁은 결과적으로 그리스의 독립을 지원한다는 명분 아래 러시아, 프랑스, 영국 등이 자국의 이익을 위해 개입한 결과를 초래했다.

---

* 프로이센의 지도하에 통일 독일을 이룩하려는 비스마르크의 정책과 그것을 저지하려는 나폴레옹 3세의 정책이 충돌해 일어난 전쟁으로 프로이센의 승리로 끝나, 최초로 독일제국의 성립으로 이어졌다.

** 미국-스페인 전쟁: 1898년 스페인 식민지였던 쿠바에서 미국과 스페인 군대가 벌인 전쟁. 쿠바에서는 식민지 통치에 항거하는 세력과 스페인의 탄압 세력이 부딪치는 가운데 수많은 양민이 생명을 잃자 미국에서 인도주의를 표방하고 식민지 쿠바의 내정에 간섭해 일어난 것으로, 제국주의 국가로서 미국의 입지를 강화시켰다.

《법전화된 국제법》

요한 카스파 블룬칠리[*]

DOCTEUR EN DROIT, PROFESSEUR ORDINAIRE A L'UNIVERSITÉ D'HEIDELBERG
CORRESPONDANT DE L'ACADÉMIE DES SCIENCES MORALES ET POLITIQUES, ETC., ETC.

TRADUIT DE L'ALLEMAND

PAR

M. C. LARDY

Docteur en Droit, Conseiller de la Légation suisse en France

Précédé d'une préface de la 1re édition

PAR M. ÉDOUARD LABOULAYE

ET D'UNE NOUVELLE PRÉFACE

PAR M. DE MOLINARI

DEUXIÈME ÉDITION REVUE ET CORRIGÉE.

PARIS

LIBRAIRIE DE GUILLAUMIN ET Cie

Éditeurs du Journal des Économistes, de la Collection des principaux Économistes, du Dictionnaire
de l'économie politique, du Dictionnaire du Commerce et de la Navigation, etc.

RUE RICHELIEU, 14

MDCCCLXXIV

* 스위스 태생의 독일 법학자·정치가(1808~1881). 국법학·국제법·사법 분야에서 업적을 남겼다.

그 말은 이제 나를 찾지 않겠다는 말인가? 아성, 자네는 어떤가?
저도 마찬가지예요. 신이시여, 저는 이미 익숙하답니다!
법은 국가들이 '정'합니다.
그리고 훌륭한 과학자인 법학자는 이러한 '실정법(관습과 법의 적용으로부터 도출된)'을 확증하는 일을 맡습니다.
그리고 그것을 법전화하죠….

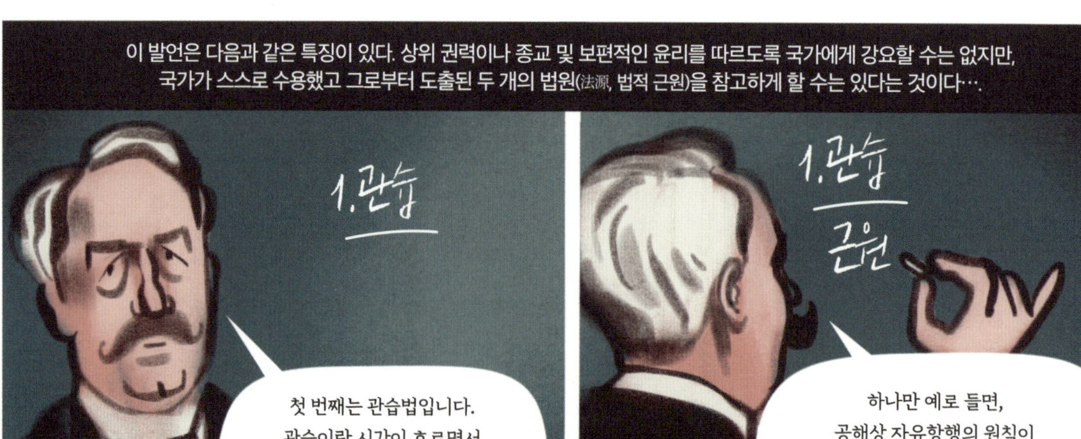

* 벨기에 출신 법조인, 외교관, 내무부 장관(1878~1884).
** 네덜란드 출신 법조인이자 법학자(1838~1913). 1911년 국제사법 분야에서의 업적, 특히 헤이그 국제사법 회의(HCCH)를 설립한 업적으로 알프레드 프리드와 함께 노벨평화상을 수상했다.

이는 과학적 실증주의와 '의사주의(意思主義)*'라는 용어로 지칭되는 것을 혼합한 '법실증주의'의 특징을 담은 접근법이다.

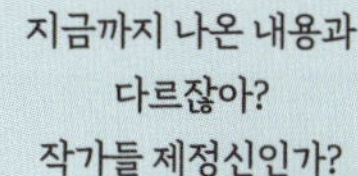

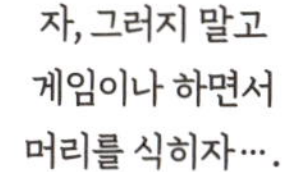

* 의사 표시의 효력을 결정할 때 객관적인 표시 행위보다 그 사람의 마음속에 있는 의사를 중시하는 태도.

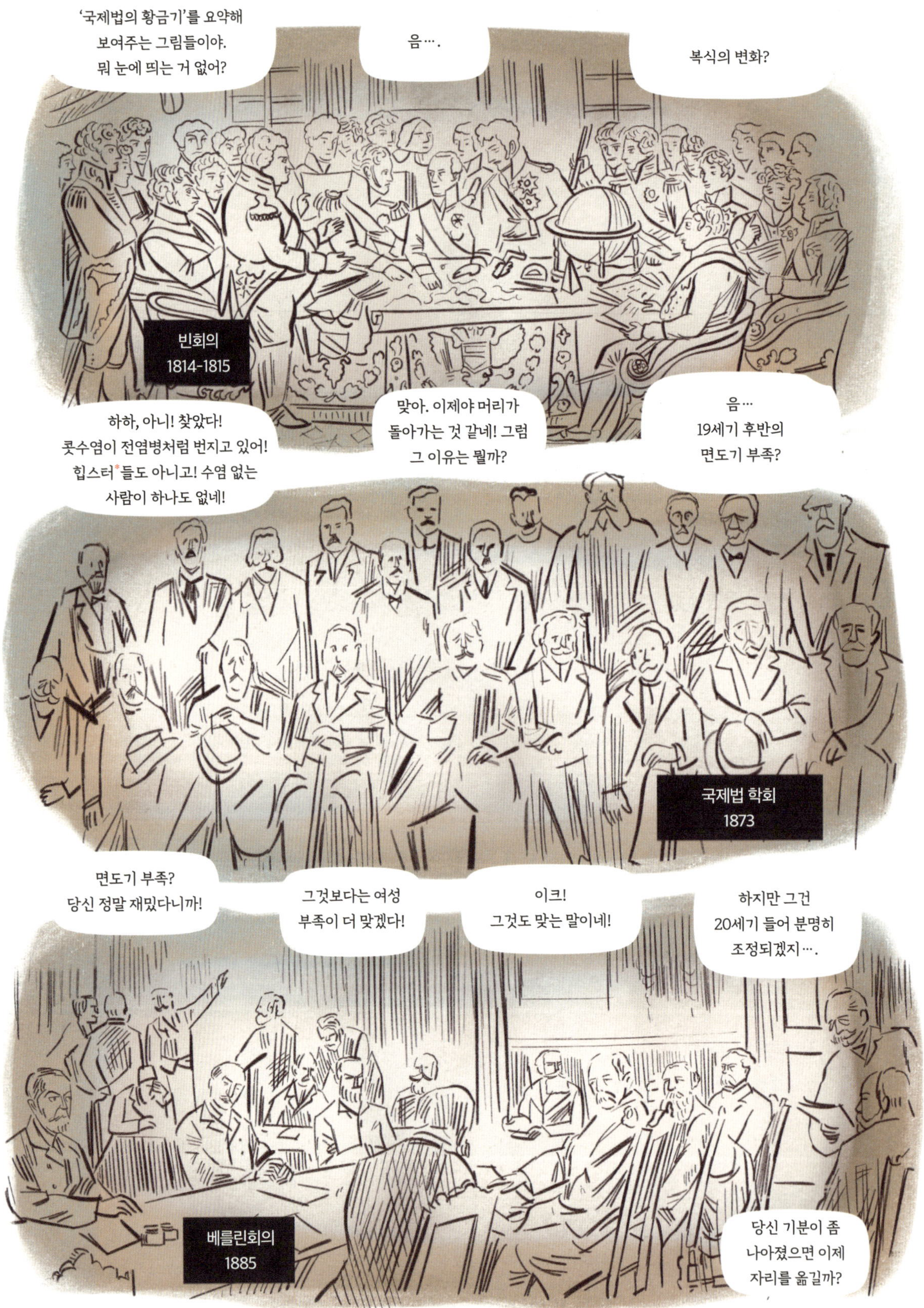

* 1940년대 미국에서 사용하기 시작한 용어로, 유행 같은 대중의 큰 흐름을 따르지 않고 자신들만의 고유한 패션과 음악 문화를 좇는 부류를 이르는 말.

헌혈을 다 하고
당신 정말 용감했어.
그러니 대관람차를
태워줄게!

좋아, 가자.
신경안정제의 효과도
누릴 겸.

책을 계속 읽어나가려면
높은 곳에 올라갈
필요가 있지.

IV

제도화의 시초와 국제적 트라우마

20세기 초반

1898년 상트페테르부르크 인근
차르스코예 셀로, 알렉산더 궁
미르(мир)!*
*평화!

내 사랑,
내가 뭘
잘못했나요?
그럴 리가,
내 작은 차르! 머릿속으로
생각만 한다는 게!
새로운 세기를 맞으며
평화로운 세상을
꿈꿔보았소!
하하!
니콜라이 당신도 참,
귀엽다니까!

그래도 시도해보는 건
괜찮지 않을까?
차르가 된 지 4년. 러시아는
전례 없는 발전을 이루고 있다.
지금이 상황을 안정시킬
절호의 기회 아닌가?

외무장관을
불러오거라!
니콜라이 2세
러시아 차르
1868-1918

프란츠 요제프 1세
오스트리아-헝가리제국 황제

빌헬름 2세
독일 황제

빅토리아
그레이트브리튼-
아일랜드 연합왕국 여왕

펠릭스 포르*
프랑스 대통령

움베르토 1세
이탈리아 국왕

압뒬하미트 2세
오스만제국 술탄

윌리엄 매킨리
미국 대통령

포르피리오 디아스
멕시코 대통령

라마 5세
태국 국왕

광서제
청나라 황제

메이지
일본 천황

모자파르 앗딘 샤 카자르
페르시아 샤

---

* 프랑스 7대 대통령 펠릭스 포르는 엘리제 궁에서 정부와 성관계 도중 사망한 것으로 유명하다.

차르의 초청을 받은 모두가 그에 응했고, 그 외 영향력 있는 국가들도 회담에 참석했다.
각국 대표들은 만반의 준비를 갖추고 1899년 헤이그에서 회담을 가졌고, 이 회담은 오늘날까지도 '만국평화회의'라는 이름으로 불린다.
빅토르 위고가 말했지.
19세기는 위대했고
20세기는 행복할 거라고!
이들은 최초로 법을 기반으로 국가들 간 분쟁에 판결을 내리고 소송을 평화적으로 해결할 국제재판소를 만드는 데 동의했다.
상설 중재재판소여,
영원하라!
혁명적이군!
동료들이여, 이성적으로
생각합시다. 국제재판소는
국가들이 사용할 수 있는 하나의
방편일 뿐이지 반드시 사용하는
것이 아닙니다.
그러니 군 장성들은
안심하시죠….
이 재판소는 이름만 '상설'이었다.
상설 중재재판소를 만든
조약은 재판소 자체보다 '상임'
사무국장을 임명해 중재재판을
희망하는 국가가 있을 때마다
법정을 열 수 있도록 했다.
어쨌든 상설 중재재판소는 꽤 잘 버티고 있다. 현재까지도 존재하고 있으며,
국가와 마찬가지로 국제기구 및 사기업과 같은 단체들도 주기적으로 재판소에 소송을 제기하고 있기 때문이다.

*   아래 나오는 덤덤탄을 가리킨다.
**   목표물에 맞으면 탄알이 터지며 납 알갱이 따위가 인체에 퍼지도록 만든 탄알. 1886년 영국이 인도의 덤덤 공장에서 처음 만들었으며, 이후 그 참혹성 때문에 사용을 금지했다.

마르텐스 씨, '육상전의 법규와 관례에 관한 규칙' 중 당신의 이름을 딴 '마르텐스 조항'도 빼놓으면 안 되죠!

제2조. 전쟁 포로.

4항. 전쟁 포로는 적국 정부의 권한 하에 있다. 이들은 인도적으로 대우받아야 한다. 무기, 말, 군사 서류를 제외하고 이들이 개인적으로 소유한 모든 것은 이들의 소유물이다.

5항. 전쟁 포로는 도시, 요새, 기지, 또는 어떤 장소의 수용소에 예속될 수 있으며 정해진 일정 반경을 넘어 그곳으로부터 멀어져서는 안 된다. 하지만 감금 시에는 그들의 안전이 반드시 보장되어야 한다.

6항. 국가는 등급이나 태도에 따라 전쟁 포로를 노동자로 고용할 수 있다. 노역은 과중해서는 안 되며 전쟁 행위와는 아무 관련이 없어야 한다.

누가 그보다 잘하겠어요?

8년 후 1907년 6월

헤이그(그리고 이 지역 음식)를 너무 좋아한 나머지 (이렇게 말해도 될지 모르겠지만) 밥상을 다시 차리기로 했답니다.

우리가 더 잘하죠!

제2차 만국평화회의는 헤이그의 비넨호프 왕궁 기사 방의 낡은 골조 아래서 열렸습니다.

우리는 1899년에 채택했던 조약문의 일부를 살짝 수정했을 뿐만 아니라 또 다른 일련의 문제들에 관한 새로운 협정 12개를 채택하는 기회로 삼았죠.

표도르, 어서 오게!

* 아프리카 동쪽 탄자니아에 있는 섬

와, 평화를 향한 길이
이렇게나 발전하다니,
어지러울 정도야!
그러게,
머리가 핑핑 돈다!
왠지 기대가 곧 땅에
떨어질 것 같은
예감이 드네!

1909년 6월 19일 워크역(현재의 에스토니아 발가)에서 표도르 마르텐스는 상트페테르부르크행 기차를 기다리고 있었다.
느낌이 안 좋아. 기차가 도착하긴 할까?
어쩌면 최근 너무 무리했는지도 몰라.
극렬 민족주의자들의 야심, 그리고 오만함과 외국인 혐오로 가득 찬 유럽 제국들의 터무니없는 경쟁을 생각하면 내 모든 노력이 부질없다는 생각이 드는군.

수뇌부들은 문명화를 핑계 삼아 그들의 맹수를 풀 기회만 노리고 있고….

맙소사, 세상이 어찌 되려는가?

마르텐스 씨!
모든 게 딱이에요. 우리 총검에는 톱니 날이 없거든요!
마르텐스 씨, 걱정 마세요!
우리는 포로들의 권리를 잘 알고 있답니다!
마르텐스 씨… 으윽…
으으… 독가스… 윽… 이거 합법 맞아요?
마르텐스 씨!!
거긴 위험해요! 그 종이 쪼가리들은 당신을 지켜줄 수 없어요!

표도르 마르텐스는 5년 후 발생할,
세상을 핏빛으로 물들일 끔찍한 연쇄적
사건을 눈으로 보지 못했다. 그가 꾼
최악의 악몽들과 도를 넘어선 공포의
소용돌이, 바로 제1차 세계대전이었다.

만국평화회의가 불러온 평화의 순풍이 회의에 참석한 지도자들이 주장했던 이상과 마찬가지로
포탄의 돌풍이 되어 유럽을 산산조각 내기까지는 10년도 채 걸리지 않았다.

천만 명의 사망자와 2천만 명의 부상자가 발생한
후인 1919년 6월 28일 베르사유 궁전 거울의 방
역시 이 소박한
임시 거처를 짓길
잘했다니까….
27개국 대표들이 보는 앞에서 패전국 독일과
연합국 사이에 평화조약을 체결했다.
그리고 클레망소 프랑스 대통령은 '5명의 안면 부상병들'로 구성된 대표단도 초청했다.
저기 보여? 윌슨 미국
대통령이야.
저건 영국 총리
로이드 조지네.
아마도 저들이
클레망소와 함께
모든 걸 결정할걸.
독일인들은 괴상한
얼굴이네….
하하!
네가 할 말은 아니지!
독일인이 좋아서 하는 말이 아니라 이해가 되어서
그래. 그들은 협상 테이블에 앉지도 못했고
곧 엄청난 배상 책임을 떠안게 될 테니까.
독일의 배상을 둘러싼 논란과 전쟁에서 패한 제국의 잔해로부터 새로운 국가를 세우는 문제를 넘어 베르사유 조약이 다루고자 했던 쟁점은
다섯 남자의 망가진 모습이 생생히 증언하고 있는 트라우마의 재발을 막는 것이었다.

이러한 목적으로 베르사유 조약 제1장에 국제연맹 규약이 담겼다.
국제 협력을 증진하고 평화와 안전을 보장하기 위해서는 (중략) 국제법 규정을 엄격히 준수하고…
…정의가 군림하게 하고 조약의 모든 의무를 철저히 준수하는 것이 중요하며…
국제연맹은 윌슨 대통령의 아이디어였습니다! 1917년 미국이 제1차 세계대전에 참전했을 때부터 나왔던 거죠.
…본 규약에 명시된 연맹의 행위는 상임 사무국을 동반한 협회나 이사회에 의해 수행된다.
그래서 국제연맹은 어떻게 굴러갈 거래?
클레망소한데 물어보자. 성격 좋아 보이던데.
우리는 이제 친구니까!

이들의 야망은 제1차 세계대전으로 인해 발생한 재앙과 트라우마만큼 컸다.

역사적 순간이라는 말로도 부족하죠, 친구들!
여러 국가들이 평화 보전을 주요 목적으로 국제기구를 탄생시킨 최초의 순간이었습니다.
이제 국가들은 그 목적을 이룰 수 있는 수단을 국제연맹에게 제공하도록 노력해야 합니다.
국가 간 분쟁은 중재위원회 또는 차선책으로 국제연맹 심의회에 소환되어야 할 겁니다.
심의회는 각 분쟁에 가장 적합한 해결책을 조언할 거고요.
평화를 깬 책임이 있는 국가에 대해서는 특히 경제적 제재를 취할 예정입니다.
규약 내용에 반하는 전쟁행위는 즉각적으로 국제연맹 회원국 모두에 대한 전쟁행위로 간주합니다.
또한, 규약에 따라 그것을 준수하게 하기 위한 공동의 군사행위도 가능하죠.
나쁘지 않은데?
입가에 미소가 떠나질 않아!
네게 아직 입이 남아 있다면 말이지!
하하! 짓궂긴!

이것이 국제연맹과 함께 노동에 관한 국제규범의 구상과 노동자들의 보호를 주요 임무로 하는 국제노동기구(ILO)를 출범시켰다.

스피노자? 양심, 평화, 정의의 진보를 외쳤던 그 스피노자?
저 녀석들 제정신인가? 그게 다 레닌 같은 인간의 성공과 무슨 상관이람?
공산주의자 놈들은 1917년 러시아 혁명 이후 잘나가고 있지!

그들이 주장하는 양심의 진보란, 순진한 자들과 사회주의 배신자들이나 믿는 부르주아적 헛소리에 불과합니다!

전 세계 프롤레타리아들의 봉기를 두려운 존재로 만든 위대하고 장엄한 볼셰비키 혁명이 없었다면, 자본주의 국가들은 사회법을 제정하지 않았을 겁니다!
내 말이 그 말!

어쨌든 최악의 상황은 피한 거잖아! 일찍이 새로운 세계질서가 찾아온 거지.
제1차 세계대전 이후 이렇게 도약했는지 미처 몰랐어.
당시 '세계'란 대부분 유럽과 아메리카 국가에만 한정되어 있었어.
세계질서라… 글쎄… 단어의 정의를 물고 늘어지지만 않는다면야….

한 줌의 아시아 국가들과 아프리카 한두 국가를 포함하면 말이지. 엄밀히 말해 세계라는 말을 쓰기에는 부족하지.
여전히 여성들의 참여도 부족하고…. 당신도 아까 책에 나온 사람들 봤지?
또 '질서'라고 하기에는 곧 엉망이 될 거라….
왠지 이게 끝이 아닐 것 같아….

시작은 그렇게 나쁘지 않았다. 1923년 제네바 레만 호수 연안에서 그리 멀지 않은 곳.

신사 여러분, 발칸 반도로부터 도착한 최고의 소식을 들려드리죠!
우드로 윌슨을 추억하며
미국 대통령
국제연맹 창립자
알바니아와 유고슬라비아 왕국 간의 영토 갈등이 평화적으로 종결되었다고 합니다.
에릭 드러먼드 경
국제연맹
사무총장
이게 다 국제연맹의 공평한 중재 덕분이죠.

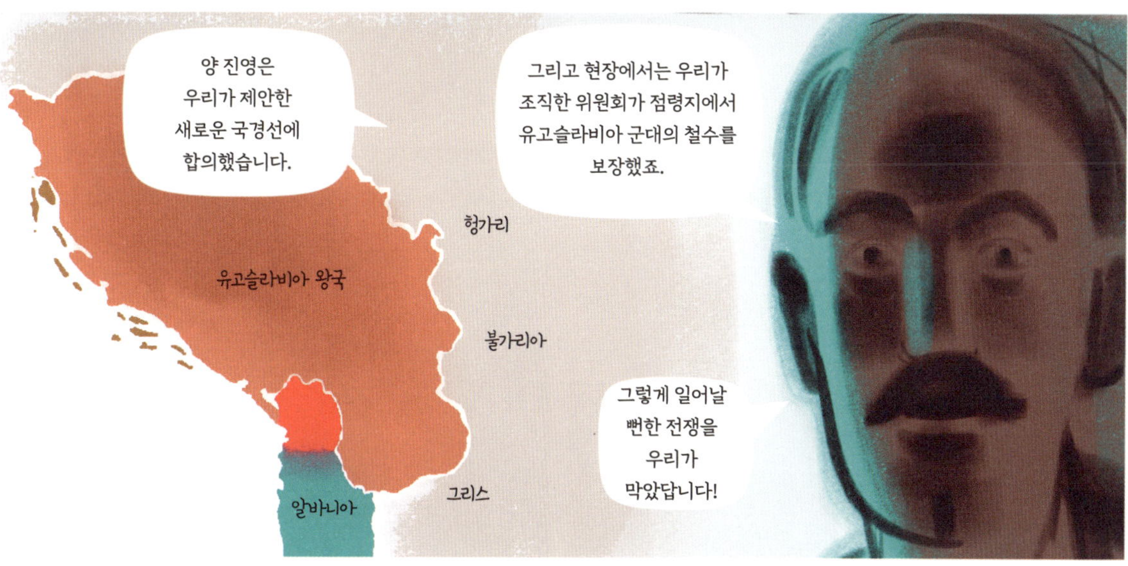
양 진영은 우리가 제안한 새로운 국경선에 합의했습니다.
그리고 현장에서는 우리가 조직한 위원회가 점령지에서 유고슬라비아 군대의 철수를 보장했죠.
헝가리
유고슬라비아 왕국
불가리아
그렇게 일어날 뻔한 전쟁을 우리가 막았답니다!
알바니아
그리스

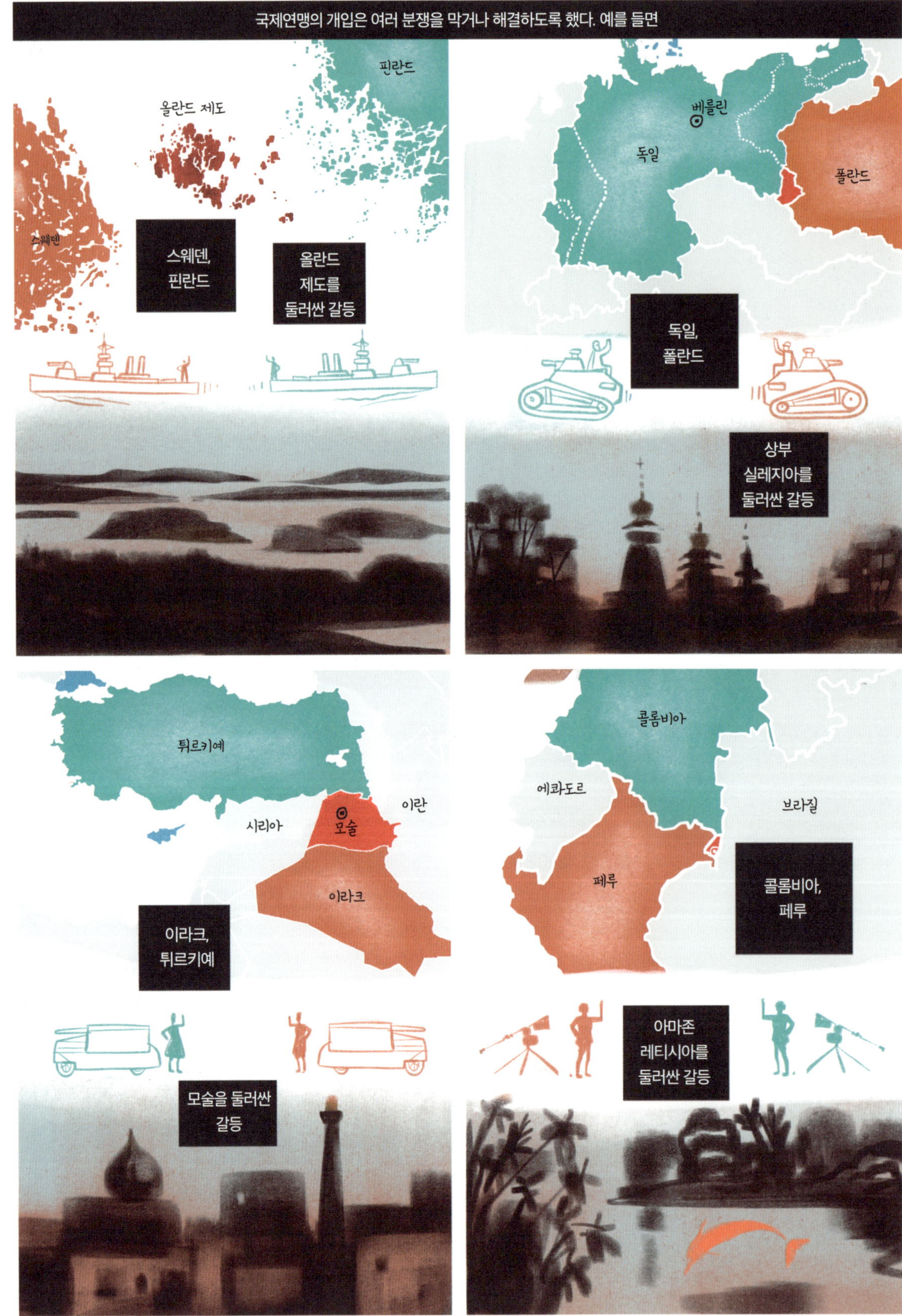
국제연맹의 개입은 여러 분쟁을 막거나 해결하도록 했다. 예를 들면
핀란드
올란드 제도
스웨덴
스웨덴,
핀란드
올란드
제도를
둘러싼 갈등
베를린
독일
폴란드
독일,
폴란드
상부
실레지아를
둘러싼 갈등
튀르키예
시리아
모술
이란
이라크
이라크,
튀르키예
모술을 둘러싼
갈등
콜롬비아
에콰도르
브라질
페루
콜롬비아,
페루
아마존
레티시아를
둘러싼 갈등

막간극: 가족사진

안녕하세요,
우리는 분쟁이 해결된 덕분에
목숨을 구한 사람들이에요.
관심 가져줘서
고맙습니다.
훌쩍…
뚝 그쳐!
우리는 분쟁이 해결된 덕분에
목숨을 구한 사람들이에요.

최초의 진정한 상설 국제 법원인 상설 국제사법재판소(PCIJ)가 탄생한 것도 국제연맹의 지원하에서였다.

다시 말하지만 우리 역할은 두 가지입니다.

하나는 국제법을 기반으로 우리 권위를 인정한 국가들 간 분쟁을 해결하고…

다른 하나는 국제연맹 심의회나 총회에서, 국제연맹 활동의 일환으로 제기된 법적 문제에 권고적 의견을 제공하는 것이죠.

우리는 아직 모르고 있지만 우리 일자리는 영원할 것입니다!

1922년 창립부터 1940년 업무 종료까지 상설 국제사법재판소는 국가 간 29개 소송을 판결하고 29개 권고적 의견을 제공하게 됩니다.

베르나르트 로더
상설 국제재판소 소장

우리가 내린 판례로 국제법의 다양한 주요 개념들을 밝힐 수 있을 겁니다.

예를 들면, 주권이라는 필수적 개념이 있죠.

주권!
오랜만에 등장했네!

그러게 말이야.
주권이 모든 걸
정당화했지 …
그게 무엇이었든 ….

브라질 아마존 우림 황폐화,
중국 무슬림 소수민족의 권리,
헝가리 성소수자 단체의 권리에
관해 이야기하려고 할 때도
항상 그 말이었지.

그놈의 '주권,
주권, 주권' ….

국가들을 구속하는
국제법이라는 개념이
그 제도의 분명한 초석인
'주권'이라는 개념과
어떻게 양립할 수 있었는지
정말 궁금해.

좋아요.
설명해드리죠…. 로터스호
사건부터 시작하죠!

1926년 8월 2일 자정 무렵,
달도 뜨지 않은 한밤중에 에게 해
시그리 케이프에서 멀리 떨어진 바다
위에서 참사가 일어났습니다.

튀르키예 석탄 운반선인
보즈-쿠르트호가
프랑스 증기선 로터스호와
충돌한 겁니다.

튀르키예 선박은
반으로 쪼개져 침몰했고,
구조하러 온 프랑스 승무원의
노력에도 불구하고
선원 여러 명이 사망했죠.

며칠 후 당시 당직 근무를 섰던 프랑스 선박 항해사는 도착지 콘스탄티노플(현재의 이스탄불) 항구 부둣가에서 마음을 추스르고 있었다.

HOCAM LÜTFEN BIZI TAKIP EDIN! (튀르키예어)*

*선생님, 저희와 함께 가주셔야겠습니다!

적어도 제가 동방의 진미를 오랫동안 즐길 수 없을 거라는 사실만은 단언할 수 있겠군요.

데몽 중위

데몽은 튀르키예 당국에 의해 수감되었고 그가 이 사고에 책임이 있다는 판결과 함께 유죄를 선고받았다.

이 감옥에서 39일을 보냈고 석방을 위해 6천 리라의 보석금을 내야 했죠.

프랑스 측은 격렬히 항의했다.

외국인에 의해 발생했고 자국 영토가 아닌 공해 상에서 발생한 사건을 판결할 어떤 권한도 튀르키예에는 없습니다.

피해자가 튀르키예 국적이라고 해도 바뀌는 건 없습니다.

에밀 데슈네
주 튀르키예 프랑스 대사
1926-1928

부연 설명을 해드리죠. 공해란 비어 있는 바다가 아니라 어떤 국가의 관할권에도 속하지 않는 국제적 해역을 뜻합니다.

이를 둘러싼 논쟁은 헤이그의 상설 국제사법재판소에 회부되었다.

프랑스 선박의 프랑스인 선장을 상대로 형사 소송을 제기할 권한은 오직 프랑스 법원에만 있습니다.

국제법이 이러한 사건에 대해 튀르키예가 그 권한을 이행하도록 특별히 허용하고 있다면 모르겠지만, 그런 법은 존재하지 않습니다.

줄스 바드방
프랑스 고문

해석하면 허용하겠다고 명시되지 않았다면 금지라는 뜻입니다.

아니, 그 반대요!
국제법에 그것이 명시적으로 금지되어 있어야만 튀르키예가 그런 권한을 이행할 수 없는 것이죠.
마흐무트 에사드 베이
튀르키예 고문
상설 국제사법재판소는 결국 튀르키예의 손을 들어주었다.

국제법은 독립국가들 간의 관계를 규정합니다.
국가들을 구속하는 법의 규칙들은, 협약(조약)이나 보편적으로 법 원칙을 준수한다고 용인된 관행(관습) 속에서 드러난 이 국가들의 의지를 이행하는 것입니다.
따라서 국가들의 독립성을 제한한다고 추정할 수는 없습니다.
정리하면 금지하겠다고 명시되지 않았다면 허용된다는 말입니다.

별 게 아닌 게 아닌데? 국제법이 제약하지 않는 거라면 뭐든 원하는 대로 할 자유가 있다는 거잖아.
음, 하지만 국가들이 국제적 협약을 맺은 경우라면…
그 협약의 의무를 면하기 위해 주권을 방패로 삼을 수 없다는 말이기도 해.

맞는 말입니다! 상설 국제사법재판소가 또 다른 선박에 관해 1920년대에 내린 판결이 이를 증명하죠.
바로 윔블던 호 사건입니다.
발트해
폴란드 →
↑ 킬
독일
독일
킬 운하
독일 당국은 중립성에 관한 국내 법령을 인용하면서 윔블던 호의 킬 운하 통행을 금지했습니다.
STOP
독일 당국 →
엘베 강
윔블던 호
↑ 무기 운송
영국(선박이 영국 국기를 달고 항해함)과 프랑스(윔블던 호는 프랑스 회사에 의해 용선 계약을 맺었음)를 비롯한 타국 입장에서는 받아들일 수 없는 논리였죠.
← 북해

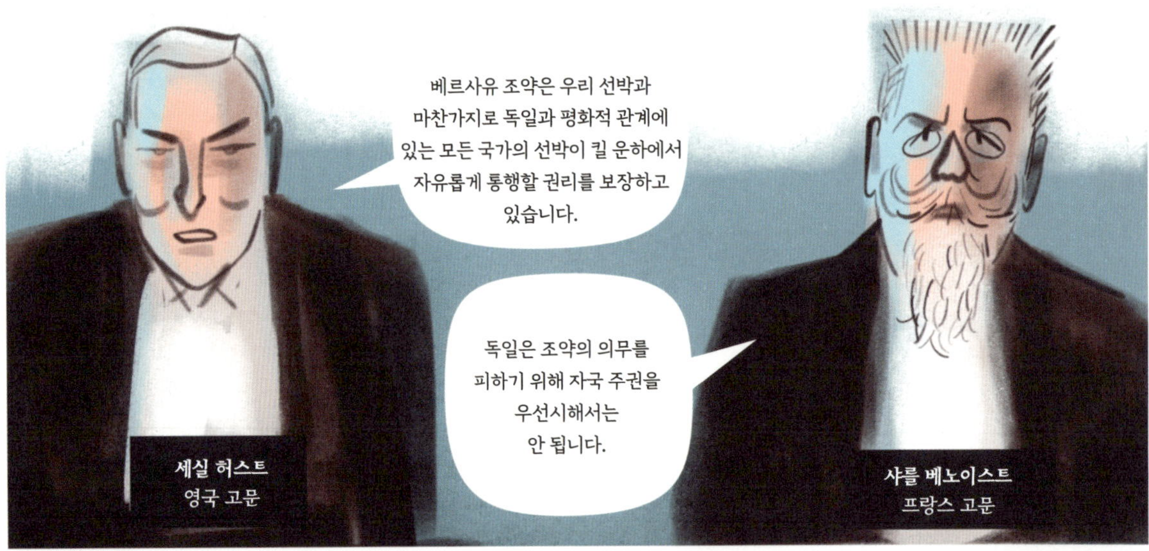

베르사유 조약은 우리 선박과 마찬가지로 독일과 평화적 관계에 있는 모든 국가의 선박이 킬 운하에서 자유롭게 통행할 권리를 보장하고 있습니다.
독일은 조약의 의무를 피하기 위해 자국 주권을 우선시해서는 안 됩니다.
세실 허스트
영국 고문
샤를 베노이스트
프랑스 고문

상설 국제사법재판소도 비슷한 판결을 내렸다.
본 재판소는 한 국가가 어떤 것을 하거나 하지 않겠다고 합의한 특정 조약을 체결하면서 자국 주권을 포기하는 것을 바라지 않습니다.
이런 종류의 의무를 발생시키는 협약은 아마도 국가의 주권 행사를 제약할 겁니다.
하지만 국제적 조약을 체결할 권능도 국가 주권의 속성 중 하나죠.
이 말을 해석하면(저는 이 사건과 아무 관련도 없지만) 약속은 약속이다, 이겁니다!

그래, 좋아….
조약을 체결하고 국제법상의
관계를 맺는 것은 주권을 포기하는
게 아니라 오히려 주권을
행사하는 것이고…
게다가 약속을 맺은 국가는
국제적 의무를 이행하는
방식에 관해 이런저런 요구를
받을 수 있으며…
동시에 주권은 한 국가가 조약을
맺지 않을 권리를 부여하기도 해.
내 기억이 맞다면 미국은 국제연맹
회원국이 된 적이 없었지.
또한, 주권은 조약으로부터
자유로울 수도 있게 해.
물론 그 조약이 체결된
조건에 따라서지만.
브렉시트를 완수하라
예를 들면,
국제기구에서
탈퇴하는 방법이
있겠죠.

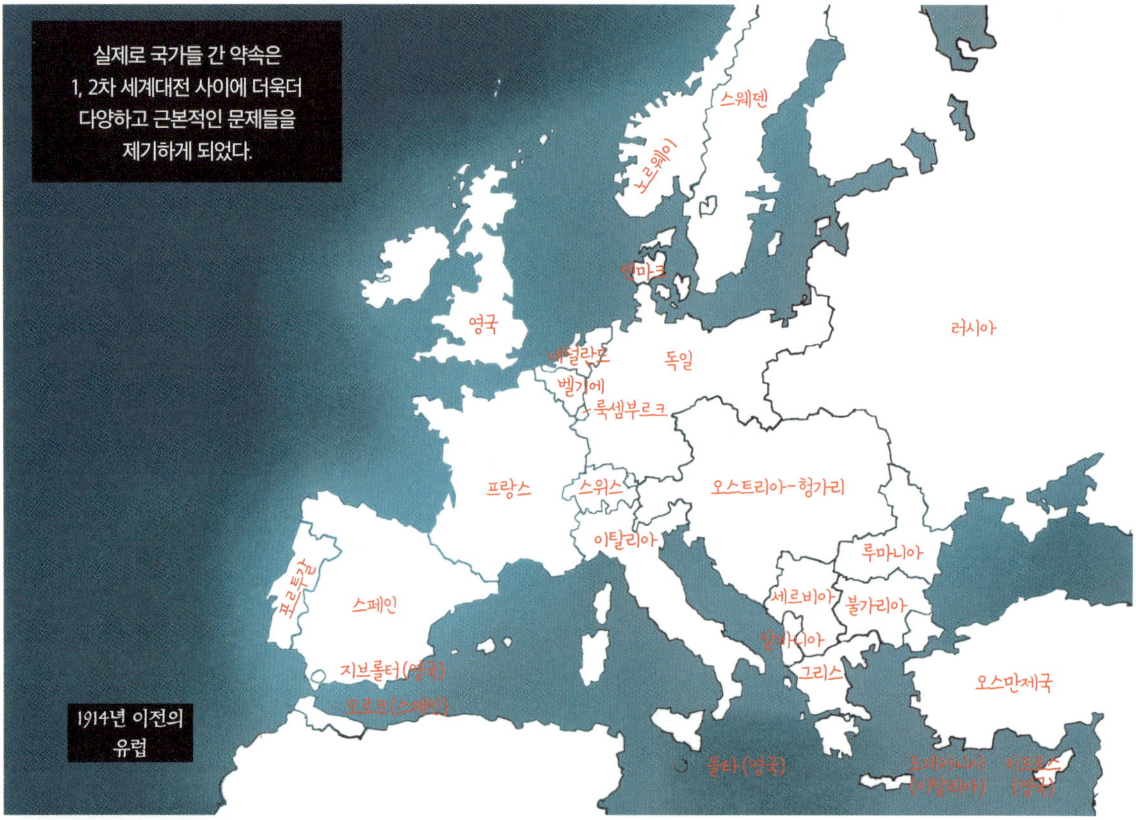

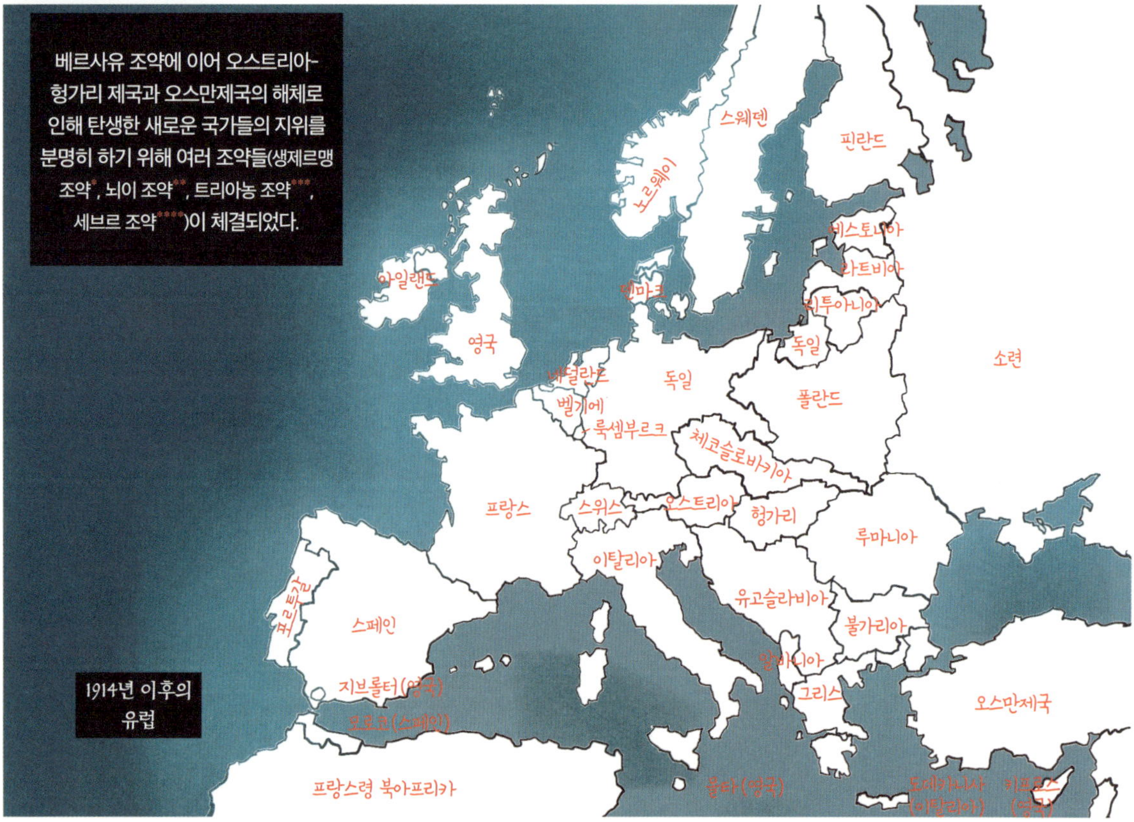

*   1919년 9월 파리 서쪽 생제르맹에서 연합국과 오스트리아가 맺은 강화 조약. 유고슬라비아·폴란드·헝가리·체코슬로바키아의 독립, 영토 할양, 군비 제한 등을 정했다.

**   1919년 11월 파리 근교 뇌이쉬르센에서 승전국과 불가리아가 맺은 강화 조약. 세르보·크로아티아·유고슬라비아의 독립 등을 정했다.

*** 1920년 연합국과 헝가리가 프랑스 트리아농 궁전에서 맺은 조약. 헝가리는 독립을 인정받는 대신 체코슬로바키아, 유고슬라비아, 루마니아에게 땅을 나눠주기로 약속했다.

**** 제1차 세계대전이 끝난 후인 1920년 연합국과 패전국인 오스만제국 사이에 맺은 조약. 이 조약으로 오스만제국은 사라졌지만 새로 구성된 튀르키예 정부에 의해 이 조약은 파기되고 1923년 로잔 조약으로 대체되었다.

이 조약들은 많은 조항 중 특히 최초로 소수민족 사람들의 기본권을 보장했다.

폴란드의 우크라이나인: 13.5%

불가리아의 타타르인 및 튀르크인: 10.7%

알바니아의 그리스인: 3.5%

루마니아의 헝가리인: 7.8%

폴란드의 유대인: 9.8%

헝가리의 독일인: 5%

또한, 소수민족(물론 독일인도 해당)에 대한 보호는 나치 독일이 1930년대 팽창주의 정책을 정당화하기 위해 내세운 논거가 되었다.

체코슬로바키아의 독일인: 22.5%

* 20세기 초 독일 민족이 다수 거주하던 체코슬로바키아 서부 지역

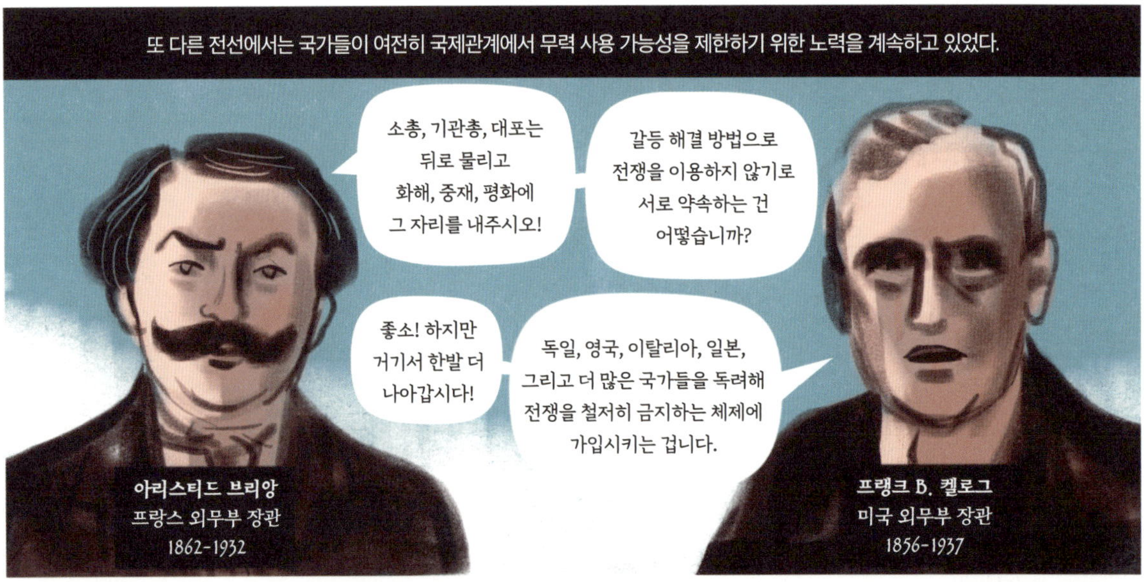

또 다른 전선에서는 국가들이 여전히 국제관계에서 무력 사용 가능성을 제한하기 위한 노력을 계속하고 있었다.

소총, 기관총, 대포는 뒤로 물리고 화해, 중재, 평화에 그 자리를 내주시오!

갈등 해결 방법으로 전쟁을 이용하지 않기로 서로 약속하는 건 어떻습니까?

좋소! 하지만 거기서 한발 더 나아갑시다!

독일, 영국, 이탈리아, 일본, 그리고 더 많은 국가들을 독려해 전쟁을 철저히 금지하는 체제에 가입시키는 겁니다.

아리스티드 브리앙
프랑스 외무부 장관
1862-1932

프랭크 B. 켈로그
미국 외무부 장관
1856-1937

1927년 8월 27일, 두 사람의 제안으로 파리의 프랑스 외무성에서 켈로그-브리앙 조약이 체결되었다.

체결국들은 각각 자국 민족의 이름으로 국제 분쟁의 해결책으로 전쟁을 이용하는 것을 금지하고, 상호 관계에서 국가 정책의 도구로 전쟁을 이용하는 것을 포기하기로 엄중히 선언한다.

제2조. 체결국들은 그것이 어떤 성질이든 어떤 기원을 가지든 그들 사이에서 발생할 수 있는 모든 분쟁이나 갈등의 해결책으로써 오직 평화적인 방법만 모색해야 함을 인정한다.

15개 국가가 즉시 조약에 참여했으며, 이후 48개 국가(소련 포함)가 이들을 뒤따랐다.
총 63개국이었다. 참여율 측면에서만 본다면 성공을 목전에 둔 것이나 다름없었다.

성공이라니?
이 조약을 맺은 지 15년도 채 안 되어 체결국 거의 전원이 무슨 짓을 했는지 땅이 알고 하늘이 아는데…

법이 구속과 같다고? 어련하시겠어….
조심해. 친절히 굴지 않으면 모두 째려볼 거야!

하지만 저들이 국제법이 바람에 흔들리는 갈대 같다는 걸 보여주고 있잖아!
속이 울렁거려! 내리고 싶어!

여러분이 실망하는 것도 이해가 되네요!
거짓말하지 않겠소. 우리가 조금 순진했던 것 같군.

국가들의 필수적인 이권이 문제시되었을 때는 조약이 가지는 영향력이 크지 않아요.
모두 그렇게 변명하겠죠.
전체주의와 같은 거센 바람이 불기 시작할 때는 더욱더 그렇죠….

실제로 제1차 세계대전 직후 국가들이 세운 법적 틀은 제2차 세계대전의 발발을 예상하지 못한 채 짧고 오직 전쟁으로부터의 회복만 특징으로 했다.

1926년 국제연맹에 가입했던 독일은 1930년대 중반부터 재무장을 시작했고 이로써 자국의 군사적 수단 사용을 상당 부분 제한했던 베르사유 조약을 위반했다.

1933년 나치 독일은 자신들이 주장한 프랑스와의 군비 평등 원칙을 유럽 열강이 받아들이지 않았다는 이유로 국제연맹 탈퇴를 선언했다.
참나….
국제연맹은 우리를 웃음거리로 만들었고 조롱했습니다. 그게 우리가 국제연맹을 탈퇴한 이유입니다.
아돌프 히틀러
1889-1945, 독일제국 총통

1935년 주데텐란트 다음으로 1938년 오스트리아가 나치 독일에 병합되었다.
이것도 베르사유 조약에 위배되는데 그걸 지적할 필요가 있을까?
보헤미아와 모라비아 (체코슬로바키아 지역)도 이듬해 같은 운명에 처했다.

1935년 10월 3일
이탈리아가 아비시니아(현재의 에티오피아)를 침공했다.
양국 모두 국제연맹 회원국이자 켈로그-브리앙 조약 당사국이었다.
에티오피아가 은쟁반에 담겨 내게 고이 바쳐지더라도 나는 그것을 전쟁을 통해 얻고 싶다.
베니토 무솔리니
1883-1945, 이탈리아 국무장관, 이후 이탈리아 두체(수상)

1936년 6월 30일 하일레 셀라시에는 국제연맹 심의회에 출두해 자국의 대의를 변호했다.
우리의 집단 안보가 위험에 처했습니다. 이는 국제연맹의 본질이 위험에 처한 것이나 다름없습니다.
중요한 것은 각국이 국제 조약을 신뢰할 수 있어야 한다는 것입니다.
하일레 셀라시에
에티오피아의 '왕 중의 왕', 1892-1975

하지만 어떤 제재도 가하지 않았으며… 이탈리아는 1937년 12월 11일 국제연맹에서 탈퇴했다.
허어….
우리의 혈기 넘치는 생명력을 옥죄려는 엄격하기만 한 연맹이여, 잘 있거라!

1937년 4월 26일, 독일 공군은 스페인 바스크 지방의 도시 게르니카에 대규모 폭격을 가해 완전히 파괴했다.
이들은 스페인 정부에 맞서 반란을 일으킨 프란시스코 프랑코 장군을 지원하고 있었다.
하지만 유럽 국가들은 합법적인
스페인 공화당 정부 지지를 거부했다.

절대 통과시키지 않겠다!
파시즘이 마드리드를 정복하려 한다
마드리드는 파시즘의 무덤이 될 것이다
내전에서 불가침 원칙을 교묘히 이용했던
스페인은 외세 침략의 희생양이 되었다.

국제연맹은 여전히 무기력했고, 1939년 프랑코 장군이 권좌에 오르자
스페인은 국제연맹에서 탈퇴하기에 이른다.
그 말은….
잘 있어라!
프란시스코 프랑코
1892-1975
스페인 국가원수

국제연맹 최후의 저항은 1939년 스탈린 군대의 핀란드 침공(일명 '겨울 전쟁')으로 인해 드러났다.
가입한 지 5년이 지난 후 소련은 국제연맹에서 제명되었다.
꺼져!
привет компании!*
*안녕이다, 고맙다!
이오시프 스탈린
1878-1953
소련 인민위원장

사망에 이르게 한 원인은 명확합니다.
미국의 불참이죠.
독일, 이탈리아, 일본의 탈퇴입니다.
특히 경제적 제재 메커니즘을 사용하는 데 국가들의 의지가 부족했기 때문은 아닐까요?
덧붙여 공격행위에 대응할 공동의 군사적 수단 마련에 대한 의지 부족도요.
그 모든 게 더해져 치명적인 감염 위험이 매우 컸겠죠.
SDN
결국 새로운 위기가 닥칠 때마다 사람들은 기존 규칙과 제도가 부족하다고 믿거나 그렇다고 주장하면서 새로운 걸 만들어냈어.
하지만 진짜 문제는 그게 아니었을지 몰라….
사실 해결책은 법 안에서 찾을 수 있는 게 아니라
열강들 간 최적의 세력균형에 있던 게 아닐까?

V

전쟁을 반대하는 법?
세력균형

20세기 후반

때는 전쟁이 지구에서
가장 외진 땅과 바다까지 불바다로
만들며 종식되기 전이자…

"만약 네가 지옥을
지나고 있다면 걸음을
멈추지 마라!"

이건 내가 한
말입니다.

세계가 나치가 구상한
'신인류'의 특징을 지니고
태어나지 못한 모든 이들에
대한 집단 수용소 및 말살
정책의 공포를 깨닫기 전…

요약해드리죠.

유럽은 독일
손아귀 아래
놓여 있고

내 조국은 유럽
대륙에서 유일하게
독일에 저항하고
있었으며

히틀러는
러시아를 막
침공했죠.

그리고 이전 기록을 모두 깨부술 전쟁의 희생자 수를 채 가늠하기도 전이었다….
그동안 나는 뭘 할 거냐고요?
전쟁 이후의 세계에 대해 곰곰이 생각해 보기 위해 대서양 밑바닥으로 간 친구를 만나러 갈 겁니다.

6천만 명 이상의 사망자가 발생했다.
"비관론자는 모든 기회 속에서 난관을 보고 긍정론자는 모든 난관 속에서 기회를 본다."
이것도 내가 한 말입니다.

1941년 8월 14일 뉴펀들랜드섬으로부터 멀리 떨어진 대서양 모처
내가 어느 쪽에 설지 맞춰보시오.

이들은 전쟁 이후 세계를 구축하는 데 요구되는 일련의 원칙들을 담은 '대서양헌장*'을 채택했다.

* 제2차 세계대전 이후 전후 질서의 기본 방침을 천명한 미국과 영국의 공동 선언. 영토의 불확대, 민족자결 등을 규정한 8개 조항 원칙은 국제연합 헌장의 기초가 되었다.

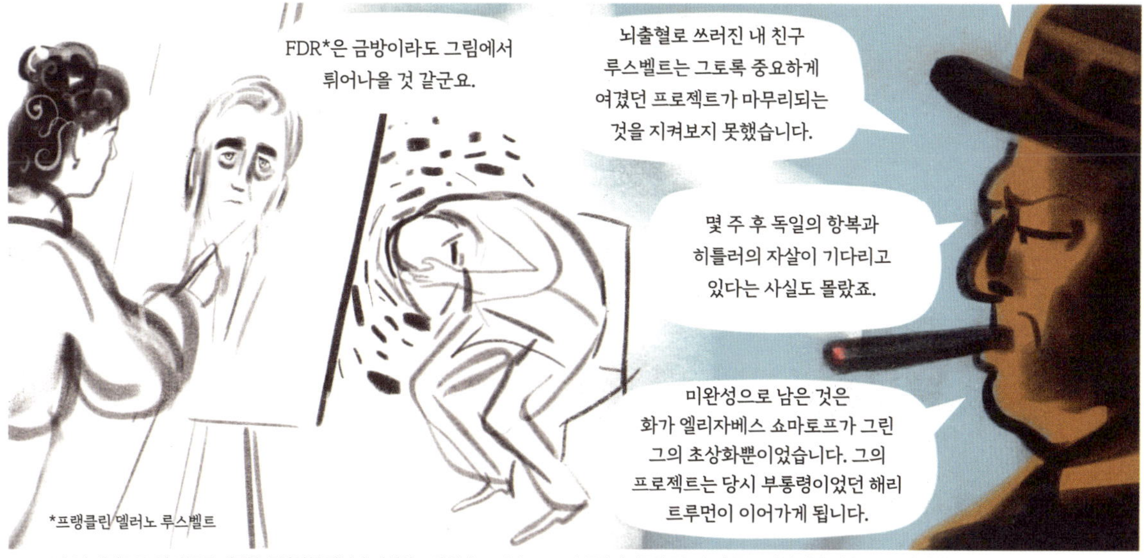

---

* 오늘날 대만으로, 당시 중국 대륙은 중화민국 정부가 지배하고 있었다. 그러나 1949년 중화인민공화국(오늘날 중국)에게 패해 대만으로 옮겨갔다.
** 제2차 세계대전 당시 일본, 독일, 이탈리아가 맺은 삼국 동맹을 지지하면서 미국, 영국, 프랑스 등 연합국과 대립한 여러 나라. 1936년 무솔리니가 "유럽의 국제관계는 로마와 베를린을 연결하는 선을 주축으로 변화할 것이다."라고 연설한 데서 유래한 말.

샌프란시스코 오페라단, 1945년 6월 25일. 세계 인구의 80%를 차지하는 50개국 대표단이 수많은 위원회와 이사회의 수천 번 회의를 거쳐 제10회 및 최종 총회를 위해 모였다. 의제는 국제연합(UN) 헌장 초안의 채택이었다.

"우리 연합국의 국민은 결심했습니다…

…백 년도 안 되는 동안 인류에게 형용할 수 없는 고통을 두 번이나 가했던 전쟁이라는 재앙의 불씨를 후대에게 물려주지 않기로…

…인간의 기본권, 존엄성, 가치, 남녀 평등, 규모와 관계없는 국가 간 평등에 대한 우리의 신념을 새로 주장하기로…

…공동의 이익을 제외하고 무력을 사용하지 않겠다는 원칙을 수용하고 그 방법을 제정하기로…

…그리하여 본 헌장을 통해 '국제연합(UN)'이라는 이름의 국제기구를 설립하는 데 총력을 기울일 것입니다."

UN 헌장이 만장일치로 채택되었습니다!

핼리팩스 백작
주미국 영국대사
본회의 의장

CLAP CLAP CLAP CLAP CLAP CLAP CLAP CLAP

이 헌장은 견고한 제도적 구조를 구축했습니다.
우리는 1962년 UN본부 건축을 위해 초빙된 9명의 건축가 중 하나였죠.
그 구조를 이루는 것은 다음과 같죠.
로코르뷔지에
1887-1965, 프랑스 건축가
오스카르 니에메예르
1907-2012, 브라질 건축가

하나는 총회입니다….
국제연합의 모든 회원국은 '하나의 국가, 하나의 투표권'이라는 원칙으로 각국을 대표합니다.

또한, 안전보장 이사회가 있죠.
평화와 국제 안보를 유지하기 위해 무력 사용까지 가능한 광범위한 권력을 부여받았죠.

국제사법재판소(ICJ)도 있죠….
상설 국제사법재판소(PCIJ)의 후신으로 헤이그에 소재하게 됩니다.
PCIJ와 마찬가지로 ICJ는 국가 간 법적 분쟁을 판결하고, 유엔이나 사안과 관련된 국제기구에게 권고적 의견을 제공하는 임무를 가지게 됩니다.
그리고 PCIJ처럼 아주 오래된 신 르네상스식 건물인 평화궁에 터를 잡게 되죠….
어쨌든… 존재할 가치는 있었죠!

이유는 모르겠지만 이 부분에서 쏟아지는 선한 의도들을 읽고 있자니 내 모든 감각이 경보음을 울리기 시작했어.
하하… 그걸 학습효과가 나타났다고 하는 거지….
사실 20세기 후반부에 진입하려면 약간의 스트레칭이 필요해….

스트레칭도 할 겸 요약해 봅시다.
유엔 헌장은 샌프란시스코에서 체결되었습니다.
태평양 반대편 히로시마와 나가사키에서는 신무기가 수십만 명의 인명 피해를 발생시키면서 전쟁을 종식시켰죠.
이 무기로 인해 인류는 전 지구를 산산조각낼 힘을 갖게 되었습니다.
전쟁의 승전국 동맹은 엉망이 되었고요….
이 모든 게 악몽에서 갓 벗어난 세계에서 단 수개월 만에 벌어진 일이랍니다.

실제로 1945년 직후는 국제적 '연합'의 시대이자, 대립하며 치열한 군비 경쟁에 뛰어든 두 초강대국 사이 아슬아슬한 세력균형의 시대였다.

* '수염 난 사람들'이라는 뜻으로 쿠바 혁명 게릴라를 말한다.
** 미국의 정찰 및 탐사용 전략정찰기

* 1948년 4월 콜롬비아 수도 보고타에서 채택된 미주기구 헌장에 바탕을 둔 아메리카 대륙 28개국의 지역적 협력 조직으로, 공동 방위, 지역적 안전 보장, 문화적·사회적·경제적 협력 등을 주요 임무로 하고 있다.

유엔은 여전히 혼란에 빠져 있었다.
제 눈과 귀를 믿을 수가 없습니다….
엄밀히 따지면 이 담화는 쿠바와 소련에 대한 전쟁 개시를 뜻합니다.
우탄트*
유엔 사무총장
1961-1971
이는 국가 원수의 입에서 나온 역사상 가장 불길하고 심각한 담화입니다.

뱃머리를 돌리시오!
미주기구의 도움으로 미국이 즉시 쿠바섬에 대한 '검역'을 실시하는 동안…

이번엔 또 뭔데?

소련 잠수함들은 지시에 불복종하며 이 지역으로 접근해왔다.
배를 돌리지 않으면 나쁜 일이 생길 거요!
그럼 나쁜 일이 생기겠네!

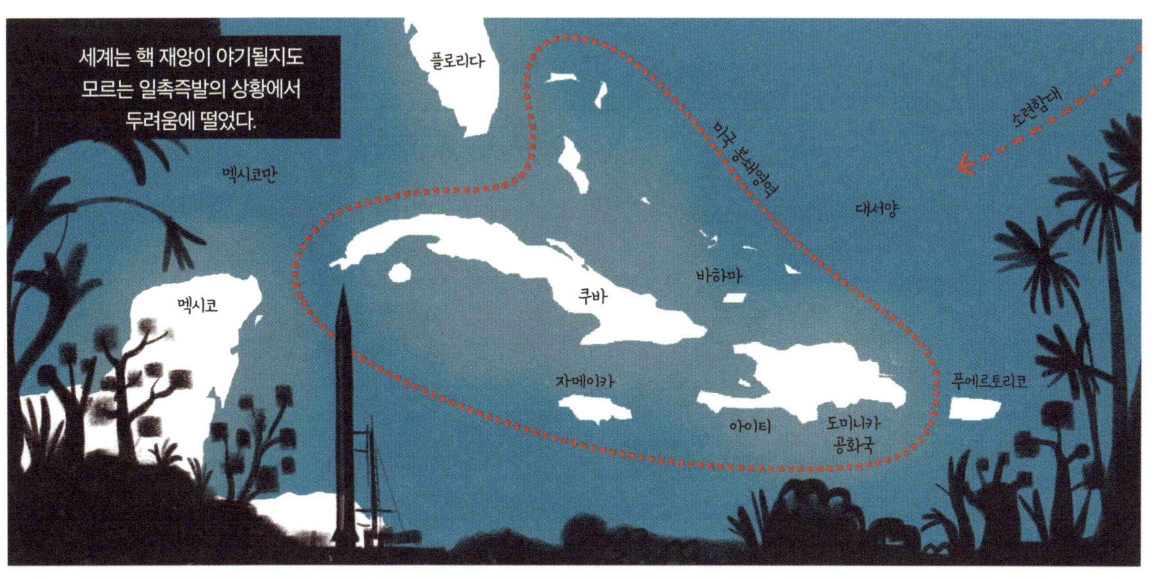
세계는 핵 재앙이 야기될지도
모르는 일촉즉발의 상황에서
두려움에 떨었다.
플로리다
멕시코만
멕시코
쿠바
바하마
대서양
미국 봉쇄영역
소련함대
자메이카
아이티
도미니카
공화국
푸에르토리코

한편, 동구권에서는
이를 둘러싸고 연쇄적
반응이 일어나는데…

미국이 전쟁을
원한다면 우리는 모두
지옥에서 만나게 될
겁니다!

6억 5천만
중국인들이 쿠바
인민을 지지합니다!

니키타 흐루쇼프
소련 공산당 서기장
재직 1953-1964

마오쩌둥
중국 공산당 주석
재직 1943-1976

법적 논쟁이
불거졌다.

이는 우리 주권에 대한 분명한
침해입니다. 미국은 수개월
전에도 우리를 침략하려고
했죠. 우리에게는 그들에 맞서
자신을 보호하기 위해 조치를
취할 권리가 있습니다.

피델 카스트로
쿠바 공화국 수장
재직 1959-2008

그 누구도 공해상에서 항행의
자유를 무력으로 차단할 수는
없습니다. 쿠바의 안보를
지키기 위해 협력하는 것은
우리의 권리입니다!

동시에 워싱턴 내부에서도 논쟁이 일었다.
그러니까 우리의 행동을 법적 측면에서 어떻게 정당화할 수 있습니까?
우리가 아무리 위협을 느꼈더라도 우리는 정당방위를 주장할 수 없습니다.

만약 주장한다면 모든 국가가 '예방 전쟁'을 핑계로 무력을 사용할 수 있는 매우 위험한 선례를 만들게 됩니다.
그것보다는 아메리카의 집단 안보를 언급하고 '봉쇄'가 아닌 '검역' 조치라고 이름 붙이는 것이 좋겠죠.
봉쇄는 전쟁행위에 가깝기 때문입니다. '검역'은 더 중립적이고요.
아브람 체이스
법률고문
로버트 맥나마라
미국 국방장관

러시아어 번역이 제대로 되어야 할 텐데… 진심으로 이런 말장난으로 소련을 속일 수 있다고 생각하십니까?
목적은 그게 아닙니다. 그보다는 여론을 자극해야 합니다.
소련의 위협을 고발하기 위해 유엔에 자료를 제출합시다. 뻔뻔하게 나가야 합니다!
로버트 케네디
검찰총장
딘 러스크
미국 국무장관

이 사진들이
뜻하는 바는
명백하군요…
작업용 크레인
조립 장비 및 발사대
조립 장비 및 발사대
발사 준비 완료 건축물들
산화제 차량들
연료 차량들
애들레이 스티븐슨
주유엔 미국 대사
…이건 소련이 쿠바 영토에
미사일을 설치했다는
증거입니다!
논쟁은 사흘 동안
지속되었죠!
하지만 국가들은 어떤 다수결 의견도
내지 못한 채 팽팽히 맞섰고, 미국의
행위를 단죄하거나 정당화하는 어떤
결의안도 채택하지 못했습니다.
다시
원점이었죠!

* 모스크바에서 발행하는 대표적인 일간지로 러시아어로 '진실, 진리'라는 뜻이다.

* 강대국 주변에 위치해 정치적·경제적·군사적으로 그 지배나 영향을 받는 나라

지역 공산주의 정권에 대항하는 민중 봉기들을 종식하기 위한 소련의 개입:
우리는 제국주의적 음모를 끝내기 위해 개입한 것입니다.
헝가리(1956)
니키타 흐루쇼프
소련 공산당 서기장
재직 1953-1964

우리는 형제와 다름없는 정부들의 요청에 응답한 겁니다.
체코슬로바키아(1968)
프라하의 봄
레오니트 브레즈네프
소련 공산당 서기장
재직 1964-1982

아프가니스탄(1979)
국가의 동의하에 진행된 개입은 국제법 위반이 아닙니다.

친 서구권 전체주의 정권을 지지하거나 회복시키기 위한 미국의 개입:
린든 존슨
미국 대통령
재직 1963-1969
우리는 공산주의자들의 공격을 끝내기 위해 개입했습니다.
베트남
1964-1975

또한, 민주주의 회복을 위해서죠.
도미니카 공화국
1965-1966

이는 유엔 헌장 제51조에 따른 정당방위입니다.
로널드 레이건
미국 대통령
재직 1981-1989
니카라과
1979-1990

유엔 헌장의 의미를 다시 짚어보자. 유엔 헌장은 안보리가 준수하도록 하는 무력 사용의 금지를 문서상으로 재확인하고 강조한다.

하지만 11개 회원국, 이후 15개 회원국으로 구성된 안보리는 상임이사국 중 하나가 반대하고 나서면 아무 결정도 내릴 수 없는데…

국제재판소도 같은 종류의 우여곡절을 겪었다. 국제사법재판소는 국가들이 동의를 표시하지 않으면 국가들 사이에서 발생한 분쟁에 대한 판결을 내릴 수 없었다.

80개에 못 미치는 유엔 회원국들이 전반적으로 찬성했다. 소련과 중국은 단 한 번도 찬성한 적이 없었고, 프랑스는 1974년 수락 선언을 철회했고 미국도 1985년 수락을 철회했다.

또한, 국제사법재판소가 어떤 국가에게 유죄를 선고하더라도 그 국가가 자동적으로 처벌을 받지는 않았다. 판결에 대한 이행은 해당 국가에 의해 자의적으로 이루어지는 것으로 여겼다.

재판소 판결을 따르면 잃는 것보다 얻는 것이 더 많다고 예상될 때만 형을 이행했다.

1986년 6월 25일
헤이그 평화궁

반대 12표, 찬성 3표로 본 재판소는 미국이 주장한 집단적 정당방위 주장을 기각하며…

미국이 니카라과 공화국에 대해 타국에 대한 무력 사용 금지의 관습법상 의무를 위반하였음을 판결합니다.

미국은 위에 언급된 법적 의무를 위반하는 모든 행위를 포기하고 즉각 중단할 의무가 있음을 판결합니다.

판사 나젠드라 싱
국제사법재판소 소장

또한, 미국은 니카라과에 대해 발생한 모든 손해를 보상할 의무가 있습니다….

미국과 영국 출신 판사는 반대표를 던졌지만 국제사법재판소에는 거부권이 존재하지 않았다.

그러나…

웃기는군, 우리를 믿으라고!

로널드 레이건
미국 대통령
재직 1981-1989

어쨌든 이는 국제사법재판소의 권한 밖 일입니다. ICJ의 판결에는 법적 효력이 없어요.

아브라함 소페어
레이건 행정부
법률고문

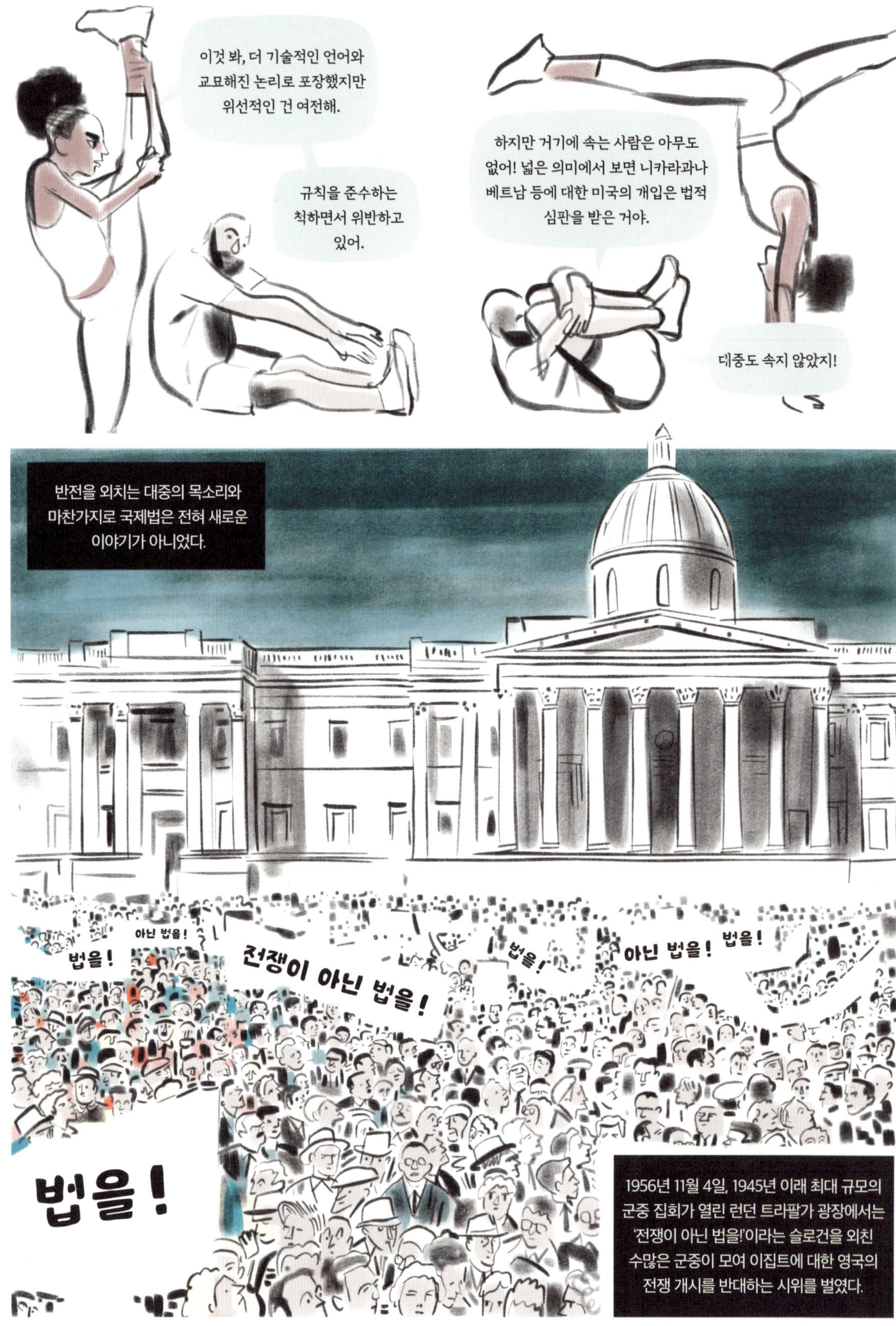

이것 봐, 더 기술적인 언어와 교묘해진 논리로 포장했지만 위선적인 건 여전해.

규칙을 준수하는 척하면서 위반하고 있어.

하지만 거기에 속는 사람은 아무도 없어! 넓은 의미에서 보면 니카라과나 베트남 등에 대한 미국의 개입은 법적 심판을 받은 거야.

대중도 속지 않았지!

반전을 외치는 대중의 목소리와 마찬가지로 국제법은 전혀 새로운 이야기가 아니었다.

아닌 법을!
법을!
전쟁이 아닌 법을!
법을!
아닌 법을! 법을!
법을!

1956년 11월 4일, 1945년 이래 최대 규모의 군중 집회가 열린 런던 트라팔가 광장에서는 '전쟁이 아닌 법을!'이라는 슬로건을 외친 수많은 군중이 모여 이집트에 대한 영국의 전쟁 개시를 반대하는 시위를 벌였다.

사건은 그로부터 몇 달 전에 발생했다. 1956년 7월 26일 이집트 알렉산드리아에서 군중은 환호하고 있었다.
바로 지금 이집트 관보는…
다음을 선언하는 바입니다…
가멜 압델 나세르
1918-1970
이집트 대통령, 재직 1956-1970

바로 수에즈 운하의 국유화를!!!
야호!
야호!
브라보!
나세르 만세!

이집트 국민은 환호했지만 모두가 공감하는 것은 아니었다. 영국과 프랑스는 수에즈 운하 통제권 상실을 받아들일 수 없었다.
저놈은 '나일강의 무솔리니'요.
저는 새로운 히틀러라고 생각합니다!
게다가 소련과 음모를 꾸미고 있으니…
앤서니 이든 경
영국 총리, 재직 1955-1957
기 몰레
프랑스 총리, 재직 1955-1956

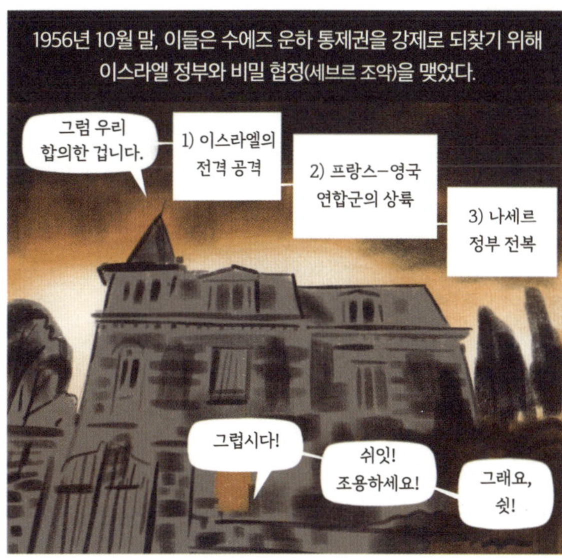
1956년 10월 말, 이들은 수에즈 운하 통제권을 강제로 되찾기 위해 이스라엘 정부와 비밀 협정(세브르 조약)을 맺었다.
그럼 우리 합의한 겁니다.
1) 이스라엘의 전격 공격
2) 프랑스-영국 연합군의 상륙
3) 나세르 정부 전복
그럽시다!
쉬잇! 조용하세요!
그래요, 쉿!

작전은 수천 명의 사망자를 낳았고 미국, 소련, 유엔은 즉시 이를 비난했다.

* 영국 보수당 소속 정치가로 외무장관과 총리를 지냈다.

분위기를 살짝 바꿔볼까? 비슷한 주제 내에서 찾은 게 하나 있어….
대중문화 속에서 일어난 반전운동에 관한 거야.
개입주의 논리를 냉소적으로 비판한 퍼그스(1966)의 '평화를 위한 살해(Kill for Peace)'가 있지.
전쟁!
허!
예!
도대체 무엇을 위한 것인가?
아무 의미도 없어!
에드윈 스타(1969)와 템테이션스(1970)의 '전쟁'은, 전쟁에 근본적인 의문을 제기했지.
미국의 개입은 안 돼!
미국의 인권!
그리고 더 클래시(1980)의 '워싱턴의 총알(Washington Bullets)'과 같이 법의 원칙을 대놓고 언급한 노래도 있어.

곡들이 다 괜찮네. 전쟁광들을 억제하는 데 국제법보다 효과가 좋겠어!
"오, 지미 핸드릭스 씨 죄송합니다! 베트남에서 바로 철수하죠!"
지금까지의 역사 수업은 다 까먹은 거야?
말하자면 식민지 해방 말이야.
그게 어디 저절로 이루어진 거였어?
아니, 왜 초를 치고 그래?
당신, 그냥 국제법에 딴죽 거는 게 재미있는 거지?
왜 화를 내고 그래?
기분 전환하자고 노래 튼 거 아니었어?

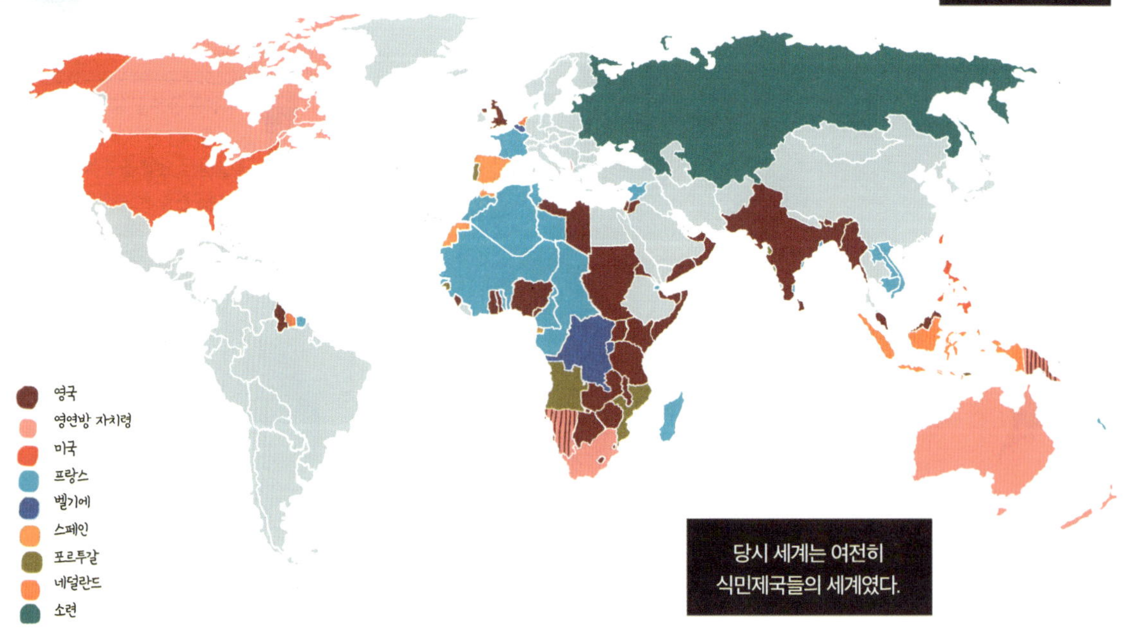
1945년부터 유엔 헌장은 공식적으로 이렇게 주장했다…
"민족 평등권 및 자결권의 원칙(제1조 및 제55조)"
그러면서도 다음의 원칙을 넘어…
"식민지 영토 주민들의 이익을 우선시하거나 이들을 통치하는 방식에서 정보 전달 측면에서의 요구 사항들을 우선시하는 원칙(제73조)…"
특별히 분명한 규정들을 확립하지는 않았다.
영국
영연방 자치령
미국
프랑스
벨기에
스페인
포르투갈
네덜란드
소련
당시 세계는 여전히 식민제국들의 세계였다.

* 제2차 세계대전 전후의 정치적 상황 속에서 국제법은 현격히 변모할 수밖에 없었다.

그들 중 다수가 서구권과 동구권 누구와도 동맹을 맺지 않겠다는 '비동맹국'을 자처했고, 식민지 해방에 관한 평화적인 절차 이행을 촉구했다.

* 일반적인 명칭: 식민지 독립부여 선언
** 헌장 73조(비자치지역)에 따라 요구되는 정보를 전달해야 할 의무가 있는지 여부를 회원국이 결정하는 데 지침이 되는 원칙
*** 아프리카 여러 나라의 독립과 주권을 수호하고 비동맹 노선 아래에서 상호 협력을 목적으로 결성한 세계 최대 지역 기구. 1963년 창설해 1980년 남아프리카공화국을 제외한 50개국이 가입했으며, 에티오피아 아디스아바바에 사무국을 두고 있다.

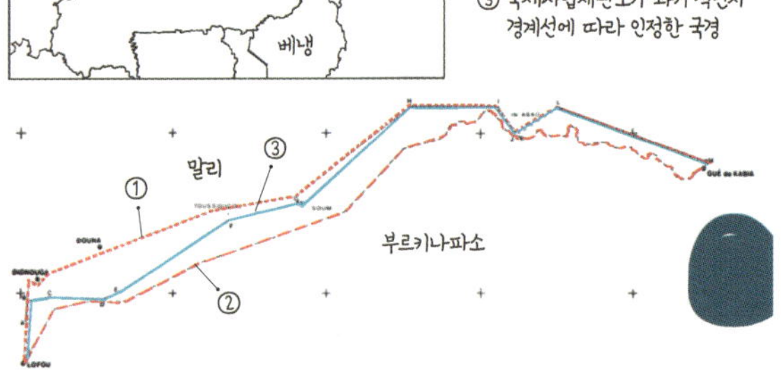

* 부왕령(副王領): 스페인이 중남미 식민지를 지배하기 위해 만든 제도로, 넓은 식민지를 몇 개 구역으로 나누고 국왕을 대리해 부왕이 통치하게 했다.

하지만 불변성이 불가침성을 의미하지는 않았다. 국가들은 언제든지 합의에 따라 국경을 조정할 수 있었고 늘 그럴 기회를 엿볼 것이다.
하지만 모두의 이익이 고려될 수는 없는 법이었다.

러시아
조지아
앙카라
아르메니아
아제르바이잔
투르크메니스탄
튀르키예
타브리즈
키프로스
테헤란
아프가니스탄
레바논
시리아
이란
이스라엘
이라크
바그다드
요르단
사우디아라비아
이집트
아직도 국가를 갖지 못한 쿠르드족과 같은 잊혀진 민족들을 고려하는 것은 꼭 나쁜 일만은 아닙니다.
압둘라 외잘란
1978년 쿠르드 노동당 창립자

음… 약간의 오해가 있는 듯합니다.
쿠르드족은 식민 피지배 민족으로 인정되지 않습니다. 지리적으로 본국에서 분리되어 있지 않기 때문이죠. 이는 유엔 총회 결의안 제1541호에서 요구하는 조건입니다.

그러니 쿠르드족은 독립할 권리가 없습니다.

따라서 당신들은 소수민족에 불과합니다.
케난 에브렌
튀르키예 대통령
재직 1980-1989

당신들은 분리 독립이나 국경 변경을 요구할 자격이 없습니다.

그래도 뭐 차별받지 않을 권리 정도야 요구할 수 있습니다.

그래서 그 권리를 실제로 보장받았는지는 확신할 수 없어….
쿠르드족의 개인적 권리도 집단적 권리와 마찬가지로 지켜지지 않았어.

냉전 시기는 독재자들도 그렇고, 서류상 진보뿐만 아니라 최악의 인권 유린으로도 독보적인 것 같아!
하하! 갈수록 맞는 말을 하는구나!

1946년 뉴욕에서 유엔 여성지위위원회가 설립되었다.

제2조에서는 성별로 인한 차별 금지를 규정해야 해요.

여성과 남성이 결혼제도 내에서 동등한 권리를 누려야 해요.

아동 결혼이나 강제 결혼에 종말을 고해야 합니다.

마리-엘렌 르포슈**** 프랑스

베굼 샤이스타 이크라물라*****-프랑스

이 여성들의 업적은 제가 의장으로 있었던 유엔 인권위원회에 지대한 영향력을 미쳤죠.

1948년 12월 19일 파리에서 열린 유엔 총회에서 세계인권선언이 채택되었습니다.

제1조. "모든 인간은 태어날 때부터 자유로우며 그 존엄과 권리는 동등하다."

엘리너 루스벨트****** 1884-1962, 미국

제2조. "모든 사람은 인종, 피부색, 성별, 언어, 종교, 정치적 또는 기타 민족적, 사회적 출신, 재산, 출생, 기타 신분과 같은 어떤 종류의 차별 없이 이 선언에 규정된 모든 권리와 자유를 누릴 자격이 있다."

제5조. "어느 누구도 고문, 또는 잔혹하거나 비인도적이거나 굴욕적인 처우나 형벌을 받지 않는다."

*　　한사 메타(Hansa Jivraj Mehta, 1897-1995): 인도의 사회운동가, 교육자, 페미니스트이자 작가
**　　락슈미 메논(Lakshmi Menon, 1996-): 인도 출신 배우
***　　에브도키아 우랄로바(Evodokia Uralova, 1902-1985): 구소련 벨라루스 출신 공산주의 정치가
****　　마리 엘렌 르포슈(Marie-Hélène Lefaucheux, 1904-1964): 프랑스 출신 여성인권운동가
*****　　베굼 샤이스타 이크라물라(Begum Shaista Suhrawardy Ikramullah, 1915-2000): 파키스탄 벵골(오늘날 방글라데시) 출신 정치가이자 외교관
******　　엘리너 루스벨트(Eleanor Roosevelt, 1884-1962): 32대 미국 대통령 프랭클린 루스벨트의 아내로 사회운동에 헌신했다.

* 아우구스토 피노체트(Augusto José Ramón Pinochet, 1915-2006): 아르헨티나 출신 독재자로 민주선거로 선출된 사회주의 대통령 살바도르 아옌데를 살해한 후 수많은 양심수를 고문, 학살, 추방했다.

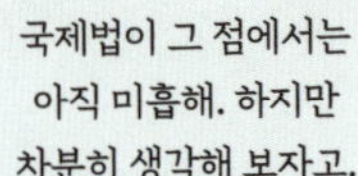

---

* 모부투(Mobutu Sese Seko, 1930-1997): 30세에 자이르 대통령에 오른 후 사망할 때까지 독재자로 군림했다.
** 오늘날 콩고민주공화국의 과거 국호

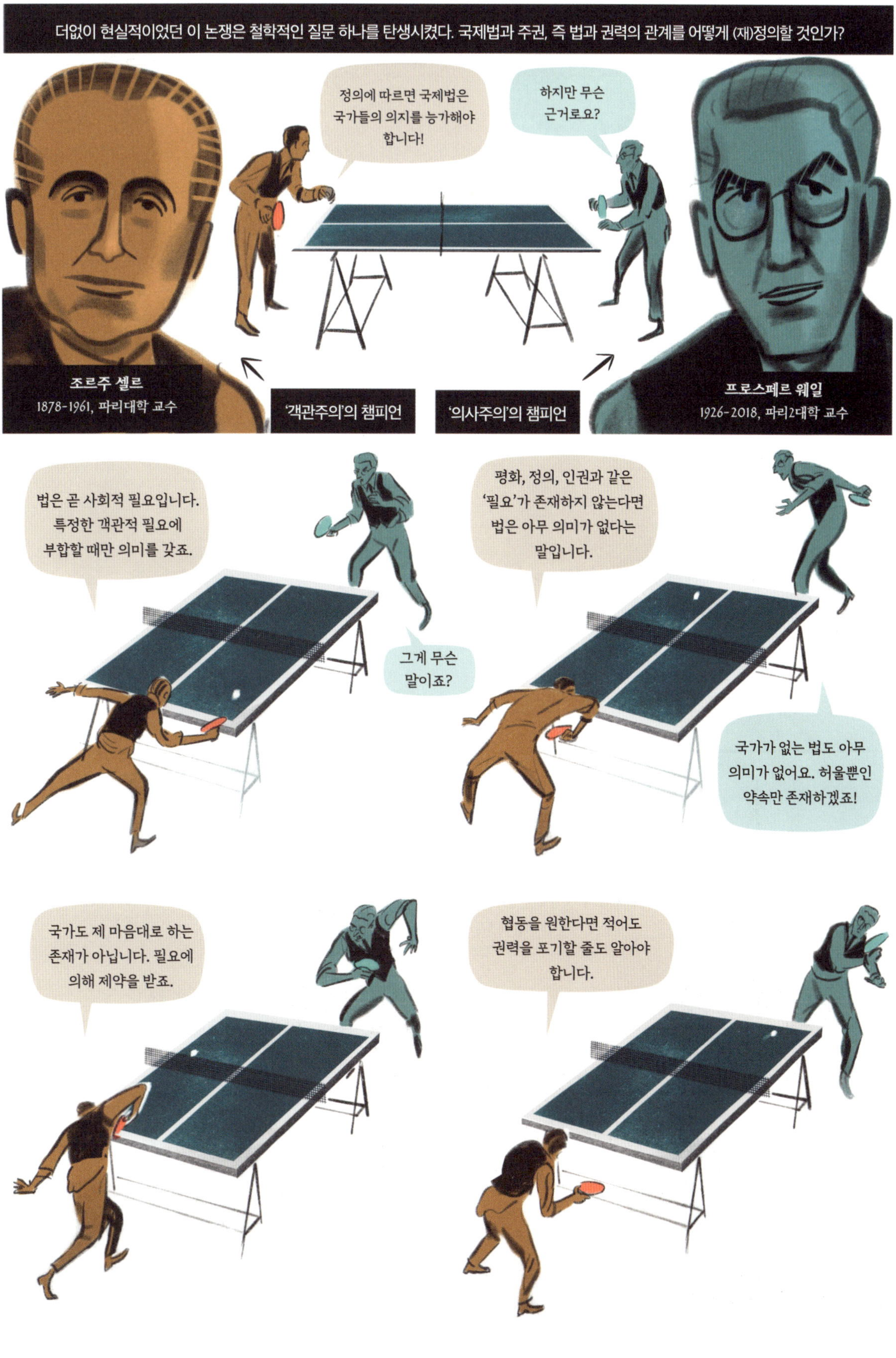

더없이 현실적이었던 이 논쟁은 철학적인 질문 하나를 탄생시켰다. 국제법과 주권, 즉 법과 권력의 관계를 어떻게 (재)정의할 것인가?

정의에 따르면 국제법은 국가들의 의지를 능가해야 합니다!
하지만 무슨 근거로요?
조르주 셀르
1878-1961, 파리대학 교수
'객관주의'의 챔피언
'의사주의'의 챔피언
프로스페르 웨일
1926-2018, 파리2대학 교수

법은 곧 사회적 필요입니다. 특정한 객관적 필요에 부합할 때만 의미를 갖죠.
그게 무슨 말이죠?
평화, 정의, 인권과 같은 '필요'가 존재하지 않는다면 법은 아무 의미가 없다는 말입니다.
국가가 없는 법도 아무 의미가 없어요. 허울뿐인 약속만 존재하겠죠!

국가도 제 마음대로 하는 존재가 아닙니다. 필요에 의해 제약을 받죠.
협동을 원한다면 적어도 권력을 포기할 줄도 알아야 합니다.

국가의 권력은 사회계약에 기반을 두죠. 그러니 국가는 시민의 기본 권리들을 존중할 의무가 있는 것입니다.
재판소와 인권보호 기관과 같은 국제 공동체의 대표들이 하죠!
그렇다면 그런 권리가 무엇인지는 누가 정하고 해석합니까?
하지만 그런 기관들이 '객관적'인지는 어떻게 알죠? 그리고 그들이 그들의 논리를 강요할 수 있는 정당성은 무엇입니까?
그만!
이 대화는 끝이 없고 의미도 없소!!!
관점을 완전히 바꿔야 합니다!
주관주의가 판치는 현실 세계에서 객관주의는 효율적일 수 없습니다. 법을 만든 사람과 법을 해석하는 사람에게도 자신만의 이익과 가치가 있기 때문이죠.
의사주의도 마찬가지입니다. 국가의 '의사'로는 모든 것을 설명할 수 없기 때문이며, 그것은 국가가 대변한다고 여기는 국민의 '의사'가 아닌 통치자의 의사만 대변하기 때문입니다.
비판적 접근의 챔피언
장 살몬
브뤼셀 자유대학 교수

투생 루베르튀르
노예 반란으로 탄생한 최초의 국가 아이티의 독립운동을 이끈 혁명군 지도자, 재직 1791-1802

넬슨 만델라
전 아프리카 국민회의(ANC) 군사 지부 창설자(1961년), 아파르트헤이트 종식 이후 남아프리카공화국 대통령, 재직 1994-1999

* 의역: 여성은 태어나지만 자유롭고 평등한 권리를 갖고 있지 못하다. 여성에 대한 사회적 차별은 공공의 이익을 근거로만 있을 수 있다.

우선 20세기는 투표권과 관련된 요구로 들썩였다.
그건 기본이죠! 동지들이여, 포기하지 마세요!
여성 투표
여성도 투표!
투표
여성에게 참정권을!

1945년, 특히 1968년에는 전통적인 가정의 틀로부터 해방을 부르짖는 담화가 등장했다.
피임 임신중단
내가 말했듯이 "종교의식에 따른 결혼은 믿음과 사랑의 무덤"입니다.
우리 몸은 우리 자신의 것!

여성의 권리는 성혁명과 도덕 해방과 같은 운동과 함께 발전하게 되었다…
물론 피임법의 발전 덕분도 있겠죠, 운도 좋지.

또한, 소비사회의 발달과 상관관계가 있는 보수적인 종교적 가치들이 약화된 분위기도 한몫했다.
소비할 권리도 있습니다.
당신들은 일을 하고 일을 책임질 권리가 있고…
…시장에 갈 권리도!

1979년 여성차별 철폐 협약이 채택되고 법체계 속에서 여성의 권리가 진보한 것은 바로 이런 맥락 속에서만 이해할 수 있다.
은행 계좌를 만들 수 있게 됐어!(1965)
주식 투자를 할 수 있게 됐어!(1967)
임금 평등을 주장할 수 있게 됐어!(1972)
흠, 여러분이 아무리 프랑스에 거주하더라도 김칫국부터 마시지 마세요.

다른 국가 여성들은 투표권만이라도 얻기 위해 오랫동안 더 기다려야 할 것이었다. 쿠웨이트에서는 2005년, 사우디아라비아에서는 2011년, 아프가니스탄의 경우는…
힘을 내요, 자매들이여!

지미 카터
미국 대통령
재직 1977-1981

아야톨라 루홀라 호메이니
이란 혁명 지도자, 재직 1979-1989

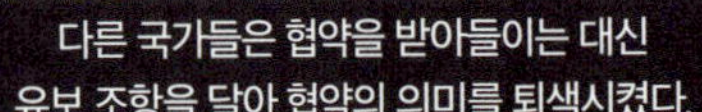

파드 빈 압둘 아지즈 알 사우드
사우디아라비아 국왕, 재위 1982-2005

올랭프라는 이 여자 정말 대단하다!
하지만 또 찬물을 끼얹네!
찬물이라니? 물이 펄펄 끓는데!

내 말은 국제법이 또 우리를 실망시켰다는 뜻이었어.
국가는 협약을 체결할 수 있지만 체결하지 않을 수도 있고 유보 조항을 달아 절반만 체결할 수도 있어….

유보 조항이 협약의 목적 전체를 무용지물로 만드는 것은 아니지만, 그렇다고 자동적으로 유보 조항이 무력화되는 건 아니야.

그래. 그걸 이제야 알았어?
늘 커다란 괴리가 존재해. 법은 보편성을 주장하면서도 상대성을 마련해두지.

그러니 법을 제정하는 게 다가 아니라 그걸 적용하기 위한 투쟁도 중요해.
하하, 올랭프 여사, 내 아내의 몸에서 그만 나오세요!

좋아. 그래도 이건 다 옛날 일이잖아! 냉전 종식 이전이자 신세계 질서가 탄생하기 이전…
그리고 기후온난화 이전이지….

VI

세계의 새로운
질서를 찾아서

1990년~현재

1990년 9월 11일 워싱턴 D.C. 미국 의회
페르시아만에서 우리의 목표는 분명합니다.
조지 H.W. 부시
미국 대통령
재직 1989-1993
이라크가 쿠웨이트에서 철군하는 것.
쿠웨이트의 합법적인 정부를 다시 세우는 것.
페르시아만의 안전과 안정이 보장되는 것.
우리 미국만 이를 원하는 게 아닙니다. 유엔 안보리에서도 다섯 번이나 승인한 것이죠.
2003년 3월 17일, 워싱턴, 백악관
이라크 정권은 지금까지 개발된 적이 없던 매우 치명적인 일부 무기를 소유하고 있으며 그것을 은폐함으로써 약속을 어기고 있습니다.
조지 W. 부시
미국 대통령
재직 2001-2009
미국은 유엔과 함께 이 위협을 격퇴하기 위해 노력했습니다….
평화적인 문제 해결을 원했기 때문입니다.
그러나 일부 상임이사국들은 이라크의 비무장을 강요하는 모든 결의안에 공공연히 거부권을 행사하겠다고 선언했죠.

페르시아만에서 벌어진 위기는 협력이라는 역사적인 시대로 발돋움하는 기회를 제공했습니다….
그들이 뭐라고 했냐면…
안보리 상임이사국으로서 프랑스는, 무력의 자동적 사용을 허용하는 결의안은 통과시킬 수 없습니다.
도미니크 드 빌팽
프랑스 외무장관
2003년 2월 14일
세계의 새로운 질서, 즉 신세계 질서가 탄생한 것입니다.
유엔 안보리는 책임에 걸맞는 모습을 보여주지 못하고 있습니다. 그러니 우리 일은 우리가 알아서 해야겠군요.
미국은 자국 안보를 위해 무력을 사용할 수 있는 주권을 가지고 있습니다.
그 질서란 정글의 법칙보다 법이 앞서는 질서입니다.
감사합니다. 좋은 밤 되시고 미국에 신의 축복이 있기를.
좋은 저녁 되시고 미국에 계속 신의 축복이 있기를.

안보리 승인에 힘입어 미국은 20여 개 국가로 이루어진 연합군의 선두에 서서 행동에 나섰다.

쿠웨이트와 이라크를 연결하는 '죽음의 고속도로' 위에서 이라크 군대가 사용한 2천 대 이상의 차량은 연합군의 폭격을 맞고 파괴되었다.

그것이 국제법에 부합하는 전쟁이든 아니든 이 전쟁은 수만 명의 민간인 희생자를 낳았고…

12년간 이어진 전쟁이 끝나고 이라크에 부과된 금수 조치에 따른 사망자까지 고려하면 그 수는 수십만 명에 달한다.

이라크
2003년 3월 19일
쟤들 또
시작이네!
안보리의 지지를 받을 수 없게 되자
미국과 영국을 필두로 한 동맹국은
강행을 결정하고 이라크에 일방적인
대규모 공격을 개시했다.

이라크 정권은 3주 만에 무너졌다.

2003년 말 사담 후세인은 붙잡혔고 2006년 처형되었다.

출처에 따라 총 인명 피해는
10만 명에서 100만 명
이상으로 추산한다.

한편, 이라크는 폭동과 테러로 점철된 끝없는
폭력의 고리 속에 빠졌다. 이런 상황은 훗날
'이슬람 국가(IS)'의 탄생을 가져온다.

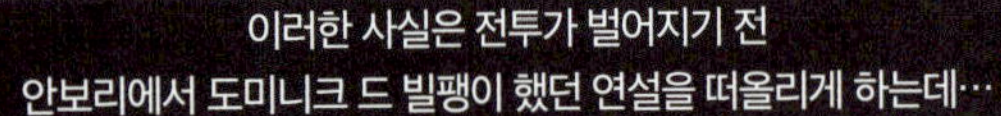
이러한 사실은 전투가 벌어지기 전
안보리에서 도미니크 드 빌팽이 했던 연설을 떠올리게 하는데…

무력 사용은 원한과
증오를 야기할 수
있으며…

정체성 충돌과 문화
간 갈등을 부채질할 수
있습니다. 그것을 막는
것이야말로 우리가 해야
할 일입니다.

전쟁에서 승리한 후에는
평화를 이루어야 한다는
사실을 잊지 맙시다.

무력 침공으로 인해
피해를 입은 국가와
지역의 안정화, 그리고
이라크를 온전히
회복시켜야 하는 작업은
길고 어려운 일이 될
것입니다.

더 이상
말하지 않겠다.

* 41대 미국 대통령 조지 부시(George Herbert Walker Bush, 1924-2018)는 43대 조지 W. 부시(George Walker Bush, 1943-)의 아버지다.
** 영국 팝 가수 조지 마이클의 노래 제목으로, 토니 블레어 영국 총리를 조지 W. 부시 대통령의 강아지에 비유한 내용이다.
*** 토니 블레어(Tony Blair, 1953-): 영국 정치가로 1994년 최연소 노동당 당수에 올랐다. 조지 W. 부시는 토니 블레어를 향해 외교적 언어 대신 속어를 사용하곤 했는데, 그때마다 블레어는 그의 뜻에 반하는 행동을 하지 않아 언론으로부터 '부시의 푸들'이라는 비아냥을 들었다.

* 피카소 작품 '게르니카'에는 몸이 잘려 울부짖는 여성, 남성, 아이, 황소, 그리고 말이 등장한다.

이번에도 시작은 좋았다. 1990년대 초반, 여러 중대한 발전이 부시 대통령이 선언했던 '신 세계 질서'의 구현처럼 나타났던 것이다.
냉전의 종식으로 안보리가 활동을 재개하게 되었죠.
안보리는 유엔 회원국에게 쿠웨이트 해방을 위한 무력 사용을 허용한 것 외에도 1989년과 1995년 사이 지구상에서 10건이 넘는 평화유지 작전 및 정찰 임무를 수행하기로 했어요.
이 작전들은 세 가지 기본 원칙을 바탕으로 했죠.
부트로스 부트로스 갈리
유엔 사무총장, 재직 1992-1996
평화유지 작전이 전개될 영토에 대한 해당 국가의 동의가 있을 것…
갈등 당사국 간 입장이 공평할 것…
무력을 제한적으로 사용할 것.
부트로스 부트로스 갈리
평화를 위한 과제
United Nations
구유고슬라비아
UNPROFOR(유엔 보호군) - UNCRO(유엔 크로아티아 신뢰회복작전)
UNPREDEP(유엔 마케도니아 예방배치군) - UNMIBH(유엔 보스니아-헤르체고비나 임무단)
UNTAES(유엔 동슬로베니아 과도행정단) - UNPSG(유엔 경찰지원군) - UNMOP(유엔 프레블라카 감시단)
아이티
UNMIH
(유엔 아이티 작전)
UNSMIH
(유엔 아이티 지원군)
UNTMIH
(유엔 아이티 이행임무단)
MIPONUH
(유엔 아이티 민간경찰단)
키프로스
UNFICYP
(유엔 키프로스 평화유지군)
그루지아
UNOMIG
(유엔 그루지아 평화유지군)
타지키스탄
UNMOT(유엔 타지키스탄 감시단)
인도/파키스탄
UNMOGIP
(유엔 인도/파키스탄 군사감시단)
중동
UNTSO(유엔 팔레스타인 휴전감시단)
이라크/쿠웨이트
UNIKOM(유엔 이라크/쿠웨이트 감시단)
캄보디아
UNAMIC
(유엔 캄보디아 선발임무단)
UNTAC
(유엔 캄보디아 과도통치기구)
서사하라
MINURSO
(유엔 서사하라 주민투표지원단)
차드
UNASOG
(유엔 아우 조우지역 감시단)
과테말라
MINUGUA
(유엔 과테말라 검증조사단)
시에라리온
UNOMSIL
(유엔 시에라리온 감시단)
라이베리아
UNOMIL
(유엔 라이베리아 감시단)
소말리아
ONUSOM I
(유엔 소말리아 작전1)
ONUSOM II
(유엔 소말리아 작전2)
르완다
UNAMIR(유엔 르완다 지원군)
UNOMUR(유엔 우간다/르완다 감시단)
엘살바도르
ONUSAL
(유엔 엘살바도르 감시단)
앙골라
UNAVEM II
(유엔 앙골라 감시단2)
UNAVEM III
(유엔 앙골라 감시단3)
MONUA
(유엔 앙골라 평화유지감시단)
모잠비크
ONUMOZ
(유엔 모잠비크 평화유지군)
중앙아프리카공화국
MINUSCA
(유엔 중앙아프리카공화국 평화유지군)
이 세 가지 원칙들은 내가 직접 마련한 평화유지 및 국제안보를 위한 유엔 활동의 새로운 방식을 이론화한 '평화를 위한 과제'에서도 다루고 있답니다.
1990년대 들어 점점 국가 내부적 갈등이 발생하거나 거세지고 있는 만큼 이는 매우 필수적인 업무가 되었다.

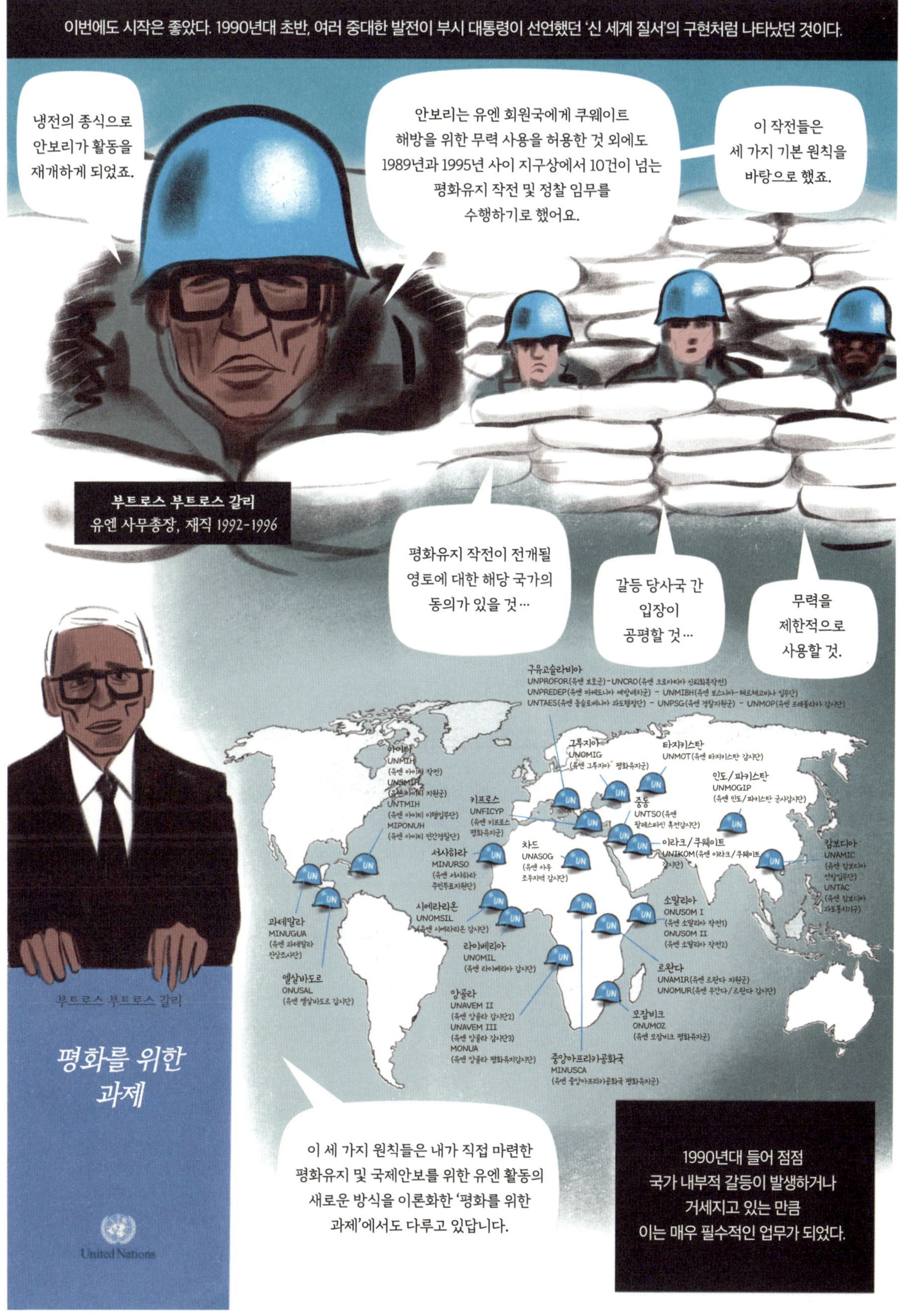

* 오늘날의 조지아

동시에 유엔은 다른 시급한 문제들에도 관심을 기울였다.

이제 유한한 세계의 시대가 왔습니다. 이 세계에서 우리 모두는 가택연금을 당한 신세나 다름없죠….

이런 관점에서 1992년 리우에서 열린 지구 정상 회의는 결정적인 역할을 했다.

환경 및 개발에 관한 유엔 회의(UNCED)
리우데자네이루, 1992년 6월 3~14일

전통적 의미의 자연은 이제 더 이상 없다는 뜻입니다….

모든 자연은 이제 인간의 손아귀에 놓이게 되었습니다.

이를 계기로 유엔 회원국들은 환경보호를 위한 일련의 조약들을 채택하게 되었죠.

CCNUCC
기후변화에 관한 유엔 기본 협약

UNCCD
유엔 사막화 방지 협약

CBD
생물 다양성 협약

---

*　가트(GATT): 1947년 관세의 차별 대우를 없애기 위해 각국 대표가 제네바에 모여 맺은 협정

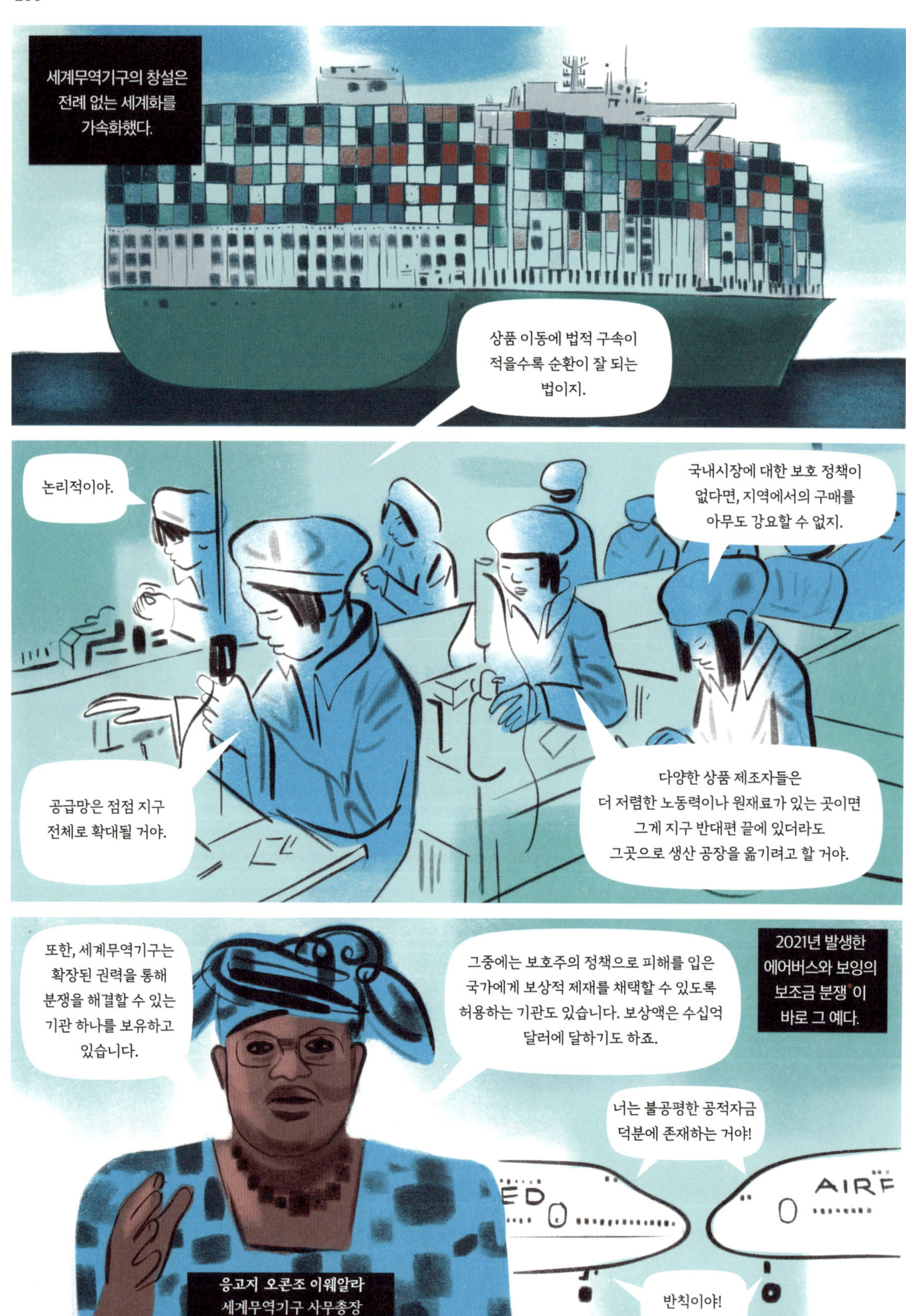

<hr>

* 세계 시장을 반분할 만큼 거대 민항기 기업인 미국 보잉과 프랑스, 독일, 스페인, 영국 합작사인 에어버스사는 다양한 방식으로 정부 지원을 받으며 시장점유율 확대를 꾀했다. 처음 두 회사 간 분쟁은 2004년 시작되었다. 그리고 2021년 들어 미국과 EU는 보조금을 둘러싼 갈등을 종식시키기로 결정했다. 이는 급성장하는 중국에 공동 대응하기 위한 암묵적 합의가 바탕이 된 것으로 알려져 있다.

세계무역기구의 규칙들은 '개발도상국'에 대한 특별하고 호의적인 대우를 규정하고 있음에도 불구하고…
1970년대와 1980년대 제3세계 국가들이 요구했던 '신 국제경제 질서'와는 거리가 매우 멀었다.

그리고 여러 국제조약에서 나타난 인류의 공동유산 개념은 순전히 이론 차원에만 머물렀다.
특히 국가 관할권을 벗어난 심해의 광물 자원이나…

천체 자원의 경우가 그랬다.
'인류 공동 유산'이라니 꿈같은 소리!
여기 '우주 소년단'이라고 쓰여 있는 것도 아니고!
SPACEX

1990년대 초반 이루어진
여러 진보는 허약했다.
평화유지 분야도 마찬가지였다.

1990년대의 일에 대해
내가 기억하는 건 엄청난
대량학살들뿐인데!

때마침 「블랙호크 다운」
영화의 사운드트랙이 있네.
라시드 타하의 곡이야….

실제로 20세기 초반에 떠오른
희망이 산산조각나기까지는
그리 오랜 시간이 걸리지 않았다.
재난으로 변해버린, 유엔이 벌인
세 번의 작전 이후였다.
이 작전들은 성공으로 끝났던
대부분의 작전을 잊히게 했다.

1993년 10월
소말리아 모가디슈…

소말리아에서는 1991년 부패 정권의 몰락 이후 군 지도자들 간의 대치로 국가가 무정부 상태와 기근에 빠져 있었다.
외국 군대의 개입에 특히 적대적이었던 반란군 수장 아이디드 장군을 체포하기 위한 공습에는 30분가량 소요될 예정이었지만 악몽으로 변해버렸죠.
ONUSOM II
(유엔 소말리아 작전 II)의
미군 병사

수십 명에 달하는 유엔 평화유지군 소속 대원들이 현지 민병대와의 전투에서 목숨을 잃었다.
블랙호크 헬리콥터 두 대가 피격 당했습니다. 군중에 의해 길거리에 질질 끌려다니는 한 병사의 시신 사진이 서방 여론을 들끓게 했죠.

인도적 지원을 보호하는 것이 주요 목적이었던 유엔의 작전은 실패로 끝나며 황급히 마무리되었다.
1994년 3월 25일 대부분의 미군이 소말리아에서 철군했습니다.

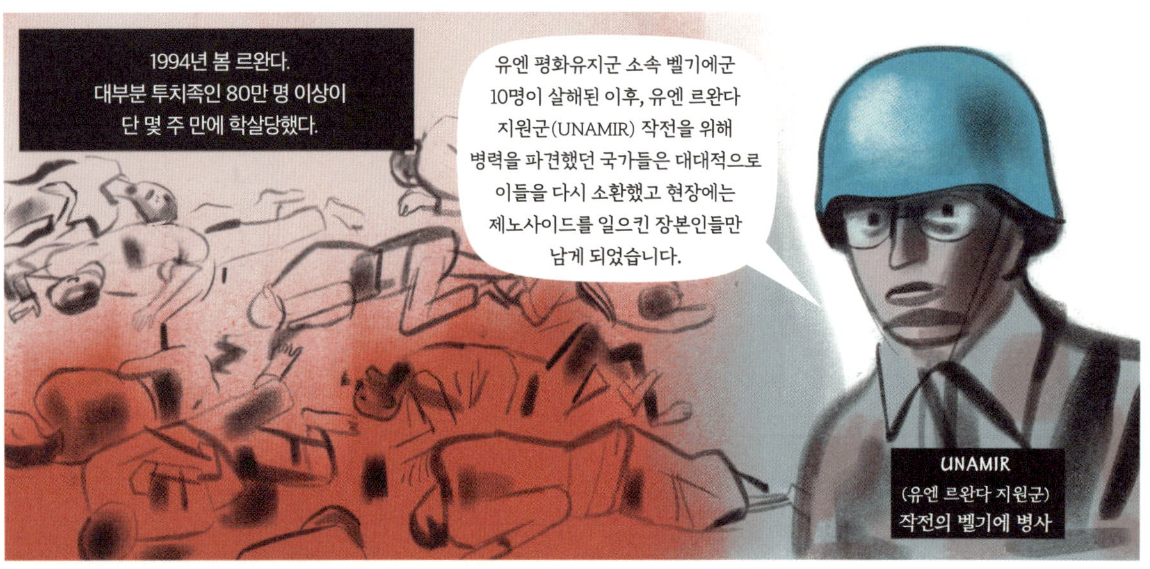

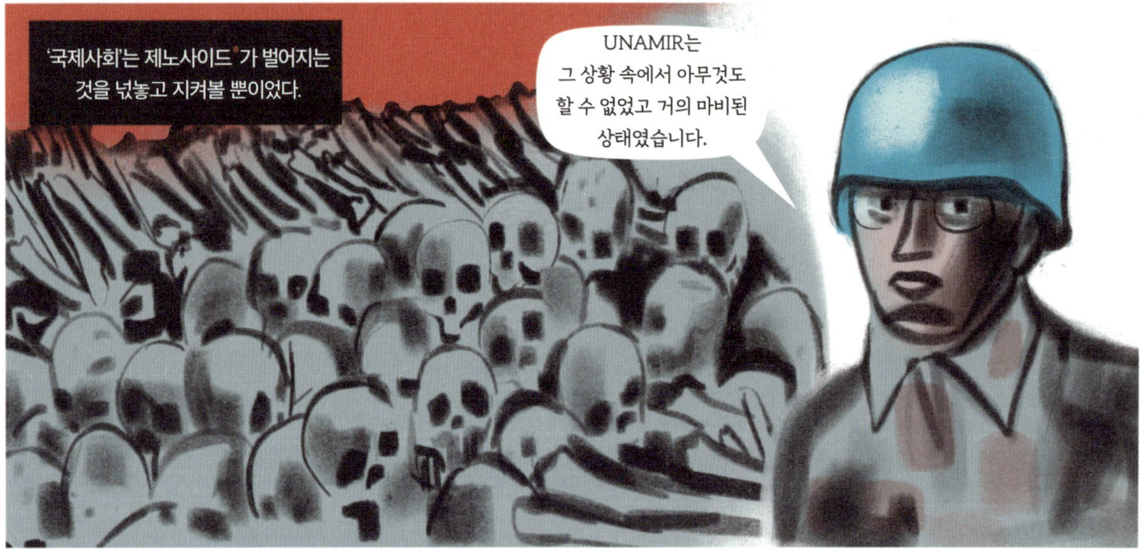

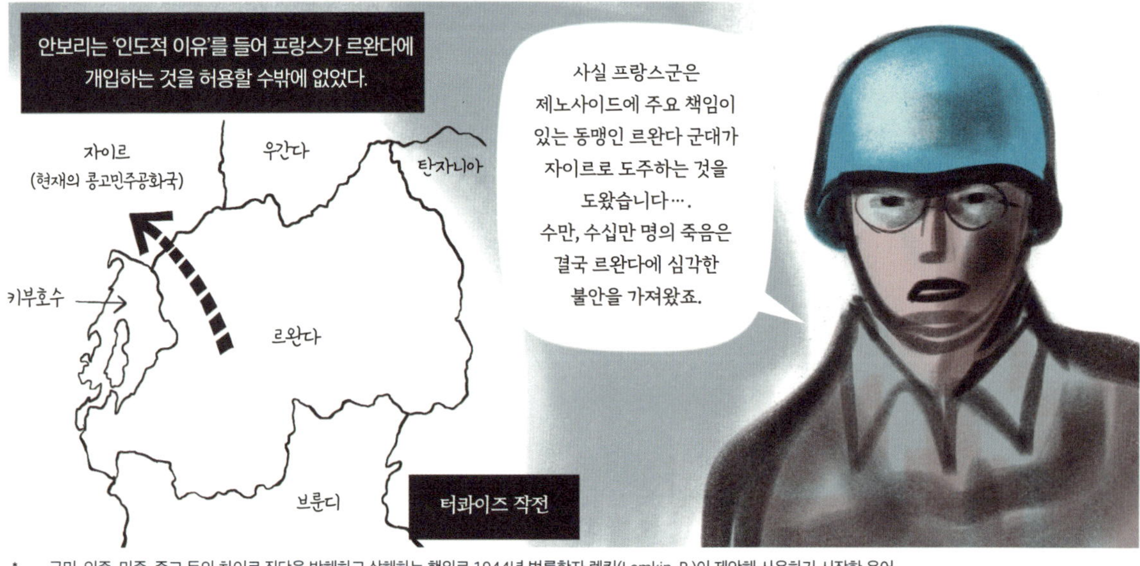

* 국민, 인종, 민족, 종교 등의 차이로 집단을 박해하고 살해하는 행위로 1944년 법률학자 렘킨(Lemkin, R.)이 제안해 사용하기 시작한 용어

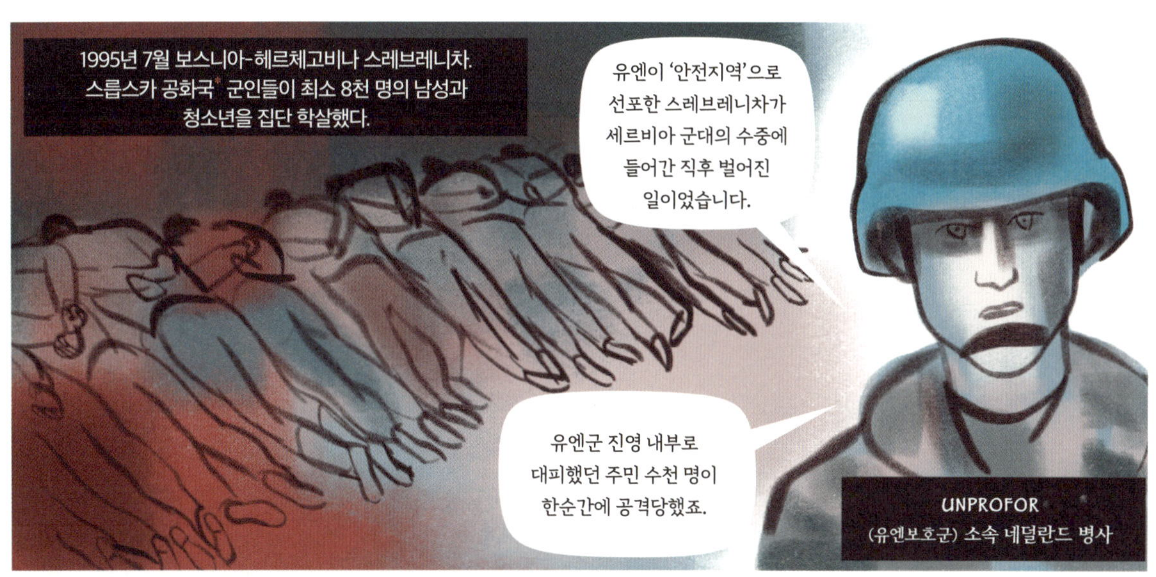

---

* 보스니아-헤르체고비나 내에 있는 자치공화국. 이로 인해 보스니아-헤르체고비나는 1국 2체제 국가가 되었다. 보스니아-헤르체고비나가 크로아티아-보스니아계인 반면, 스릅스카공화국은 세르비아계가 다수를 차지한다.

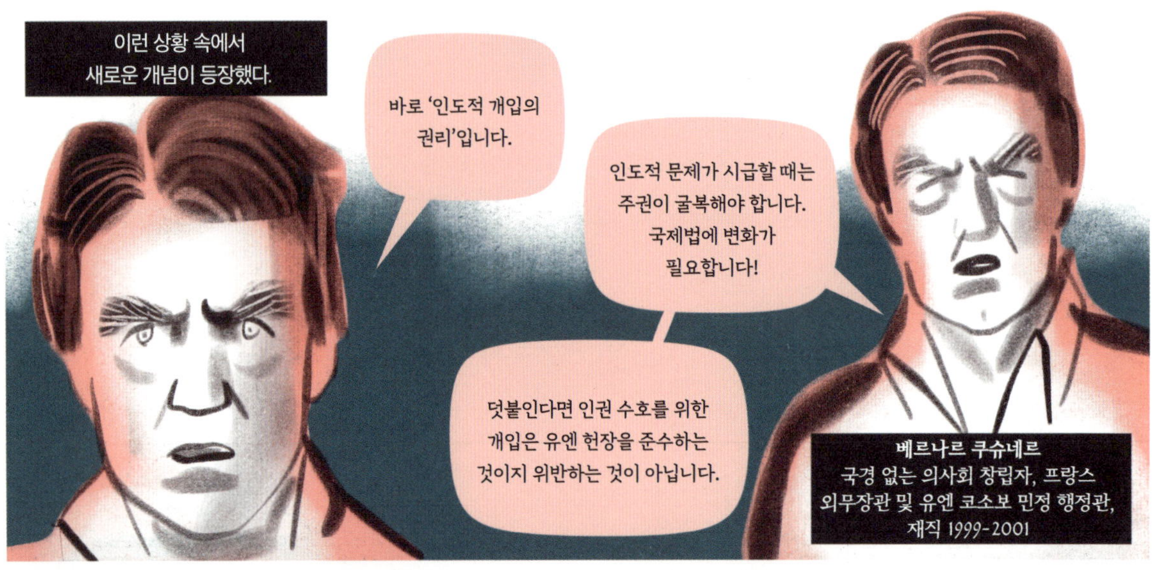
이런 상황 속에서 새로운 개념이 등장했다.
바로 '인도적 개입의 권리'입니다.
인도적 문제가 시급할 때는 주권이 굴복해야 합니다. 국제법에 변화가 필요합니다!
덧붙인다면 인권 수호를 위한 개입은 유엔 헌장을 준수하는 것이지 위반하는 것이 아닙니다.
베르나르 쿠슈네르
국경 없는 의사회 창립자, 프랑스 외무장관 및 유엔 코소보 민정 행정관, 재직 1999-2001

1999년 3월 그의 연설을 토대로 나토(NATO)는 유고슬라비아의 코소보 박해에 종지부를 찍기 위해 유고슬라비아를 폭격하는데…
유엔 안보리로부터 승인을 얻거나 요구하지도 않았다.

강대국들이 마음대로 정의하는 '정당한 이유'를 들어 안보리의 승인 없이 개입하다니. 이걸 어떻게 국제법이 진보했다고 말할 수 있을까요?
정당한 전쟁이라는 구시대의 학설로 되돌아간 것 아닙니까?
말도 안 되는 소리!
마르셀로 코헨
제네바대학 교수. 이후 국제법학회 사무총장이 된다.

코소보 전쟁은 국제법에 새로운 혼란을 가져올 겁니다.
하지만 국제법을 무시하고 무고한 사람들이 죽는 걸 내버려 둘 수는 없지 않습니까?
그건 법의 문제가 아니죠.
만약 르완다 사태 때나 보스니아—헤르체고비나 사태 때나 유엔 안보리 결의안들이 채택되었더라면 군사 개입이 허용되었을 겁니다.
'허용되었을 겁니다' 라니? 바로 이런 식의 표현이 문제인 겁니다!
힘이 없는 법은 무력합니다!
법이 없는 힘은 폭정입니다!
펑! 받아라!

* 2011년 3월 미국, 프랑스, 영국 등 다국적군이 리비아를 상대로 벌인 군사작전으로, 미국측 작전명은 '오디세이 새벽', 영국은 '엘라미'라고 불렀고 '아르마탕'은 프랑스 작전명이었다.

이 결의안은 찬성 10표(남아프리카공화국, 보스니아-헤르체고비나, 콜롬비아, 미국, 프랑스, 가봉, 레바논, 나이지리아, 포르투갈, 영국)와 기권 5표(독일, 브라질, 중국, 인도, 러시아)로 채택되었다.

시리아에서 처음 시작된 '아랍의 봄'은 안보리의 군사적 개입을
이끌어내지 못하고 시리아 정권에 의해 무참히 진압되었다.

서방 국가들은
리비아에서 그들의
민낯을 드러냈죠.
한쪽 손을 내주면 그들은
팔뚝을 가져가더군요!
안보리가 이번에도
정권에 대한 공격을
허용한다고 해석할
여지가 있는 백지수표 같은
결의안을 채택하게 둘 수는
없습니다.
바샤르 알아사드
시리아 대통령
블라디미르 푸틴
러시아 연방 대통령

그 결과, 우리는 힘을 합쳐
반란세력을 물리칠 수
있었죠.
맞아요,
테러리스트들
같으니!

이 '보호책임'의 가변성이
가진 이점은 눈에 잘 띄지
않았어요….

로힝야족, 위구르족,
팔레스타인인이나
아프가니스탄인들의 눈에도
그랬죠….

잠깐, 이것과 그건 다릅니다.
혼동하지 마세요. 우리에게는
이민자들의 비정기적인 유입을
막을 권리가 있다고요.

그리고
테러리즘으로부터
우리 자신을 보호할
권리도!

에마뉘엘 마크롱
프랑스 대통령

오르반 빅토르
헝가리 총리

테러리즘이라….

2001년 9월 11일
뉴욕.

테러 발생 이후 몇 시간 동안 안보리는 공격에 대응하고 '유엔 헌장의 가치에 맞는 책임에 부합하는 모든 형식의 테러리즘을 물리칠' 준비가 되어 있었다.

하지만 안보리의 조력 제의에 미국은 응답하지 않았다. 조지 W. 부시 대통령과 그의 고문들은 단호했다. 반드시 미국 스스로 군사적이고 강압적인 반격으로 응수해야 했다.

국제법 전문가들이 뭐라고 말하든 나는 신경 안 씁니다…. 우리는 이놈들을 박살낼 겁니다.

2001년 10월 7일부터 미국은 아프가니스탄에서 대규모 군사 작전을 실행했다. 아프가니스탄의 탈레반은 9·11테러 주범인 오사마 빈 라덴과 그가 이끄는 테러 집단인 알카에다를 숨겨주고 있다는 의심을 받았다.

걱정 말라고.
질서는 우리가 잡을 테니까.

미군은 나토와 여러 동맹국의 지지를 받으며 20년 동안 아프가니스탄에 대규모 군대를 주둔시켰다. 그리고 이후 혼란 속에 황급히 철수하면서 탈레반이 정권을 되찾게 만드는 결과를 초래했다.

고마워, 형씨!

유엔은 수수방관했다. 국가들은 저마다 독자적으로 행동했고(또는 지역적으로 동맹을 맺었다) 21세기 초반 20년 동안 '테러리즘 근절'이 모든 담론의 화두를 장식했다.
미국이 2003년 이라크를 공격한 것도 그런 명분이었소!
끝내 증명되지 않은 대량살상무기의 존재 외에도 부시 행정부는 사담 후세인과 알카에다 사이에 모종의 관계가 있다고 주장했지.
단언컨대 그런 관계는 존재하지 않았소. 나는 저놈과 아무 관계도 없소!
오사마 빈 라덴
알카에다 지도자
후세인
이라크 대통령

수많은 국가가 자국민 통신에 대해 대규모 감시 프로그램을 조직했다.
2013년 저는 미국과 영국의 여러 대규모 감시 프로그램에 관한 극비리 정보가 존재한다는 사실을 언론에 폭로했습니다.
유일한 목적은 제 이름으로 어떤 일이 자행되고 있는지 대중에게 알리는 것이었죠.
에드워드 조셉 스노든, 내부고발자,
전 중앙정보국 및 국가안보국 직원

미국에서 저는 간첩, 절도, 정부 자산 불법 사용 혐의를 받았습니다.
그래서 러시아로 망명했죠.
냉전 시대의 향수를 느낄 수 있네요. 그렇지 않나요?

테러리즘 근절을 명분으로 내세운 극단적인 억압 정책들이 세계 여러 곳에서 실행되었다.
중국 수용소에 감금된 위구르족 백만 명에게 자유를

국가의 '중대한' 또는 '필수적인' 안보와 이권의 수호는 어떤 행위든 정당화할 수 있는 명분처럼 보였다.
그것이 개인의 기본적 권리 보호와 정면으로 대립하더라도 용인되었다.

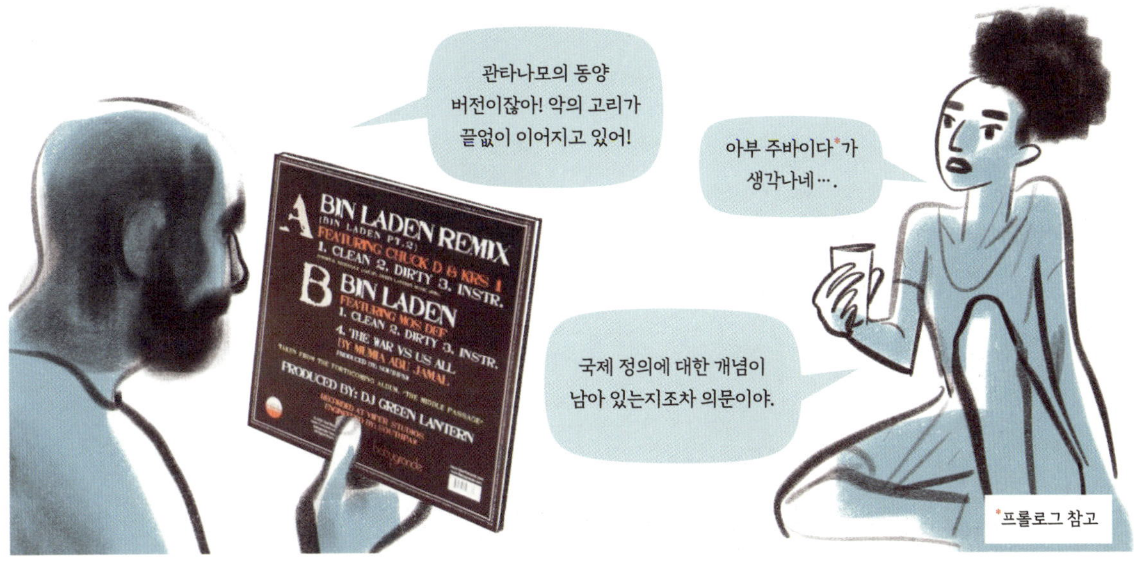
관타나모의 동양 버전이잖아! 악의 고리가 끝없이 이어지고 있어!
아부 주바이다*가 생각나네….
국제 정의에 대한 개념이 남아 있는지조차 의문이야.
A BIN LADEN REMIX
(BIN LADEN PT. 2)
FEATURING CHUCK D & KRS 1
1. CLEAN 2. DIRTY 3. INSTR.
B BIN LADEN
FEATURING MOS DEF
1. CLEAN 2. DIRTY 3. INSTR.
4. THE WAR VS US ALL-
BY MUMIA ABU JAMAL
PRODUCED BY: DJ GREEN LANTERN
*프롤로그 참고

사실 냉전 종식 직후인 이 시기는 국제형사재판소가 비약적으로 발전한 시기이기도 합니다.
새로 만든 개념은 아닙니다. 그 반대죠.
라파엘 렘킨, 1900-1959, 제노사이드 용어와 개념을 탄생시킨 폴란드인 (이후 미국인이 됨) 법학자
허쉬 라우터파흐트 1897-1960, 반인도적 범죄 개념을 확립한 영국인 국제법학자
제1차 세계대전 이후 베르사유 조약에 따라 분쟁의 원흉으로 지목된 빌헬름 2세 황제를 국제재판소에 세워 재판받게 하자는 의견이 대두된 적이 있었죠….
하지만 구체적으로 실현된 적은 없습니다.
원흉, 원흉이라니? 마음에 안 들어!
제2차 세계대전 이후에는 좀 더 단호했습니다. 도쿄와 뉘른베르크 국제 군사재판이 열렸죠….

* 뉘른베르크 재판: 제2차 세계대전 후 연합국이 뉘른베르크에서 독일의 주요 전쟁 범죄자를 단죄하기 위해 국제적으로 진행한 군사재판소 재판으로, 1945년 11월부터 10개월간 진행된 이 재판에서 기소된 24명 중 사형 12명을 포함한 19명이 유죄 판결을 받았다.

이후 이어진 수십 년 동안 국가들이 제노사이드와 고문, 항공기 납치, 인질극, 심지어 부패를 방지할 수 있도록 하는 조약들이 체결되었다.
빨리 회복하길♡ - 대처 수상

1998년 10월 런던. 호화로운 사립병원 '더 런던 클리닉'
THE LONG

3천 명이 넘는 실종자와 수천 명을 고문한 책임이 있는 칠레의 전 독재자 아우구스토 피노체트가 막 외과 수술을 받은 직후였다.

그는 스페인에서 재판에 넘기기 위한 범죄인 인도 목적으로 영국 당국에 체포된 상태였다.
당신들은 내게 이럴 권리가 없소!
있다는데….
POLICE

그의 83세 생일인 1998년 11월 25일 영국 상원은 범죄인 인도를 승인했다.
아우구스토 피노체트에게는 면책특권이 없습니다!

---

* 마가렛 대처를 가리킴

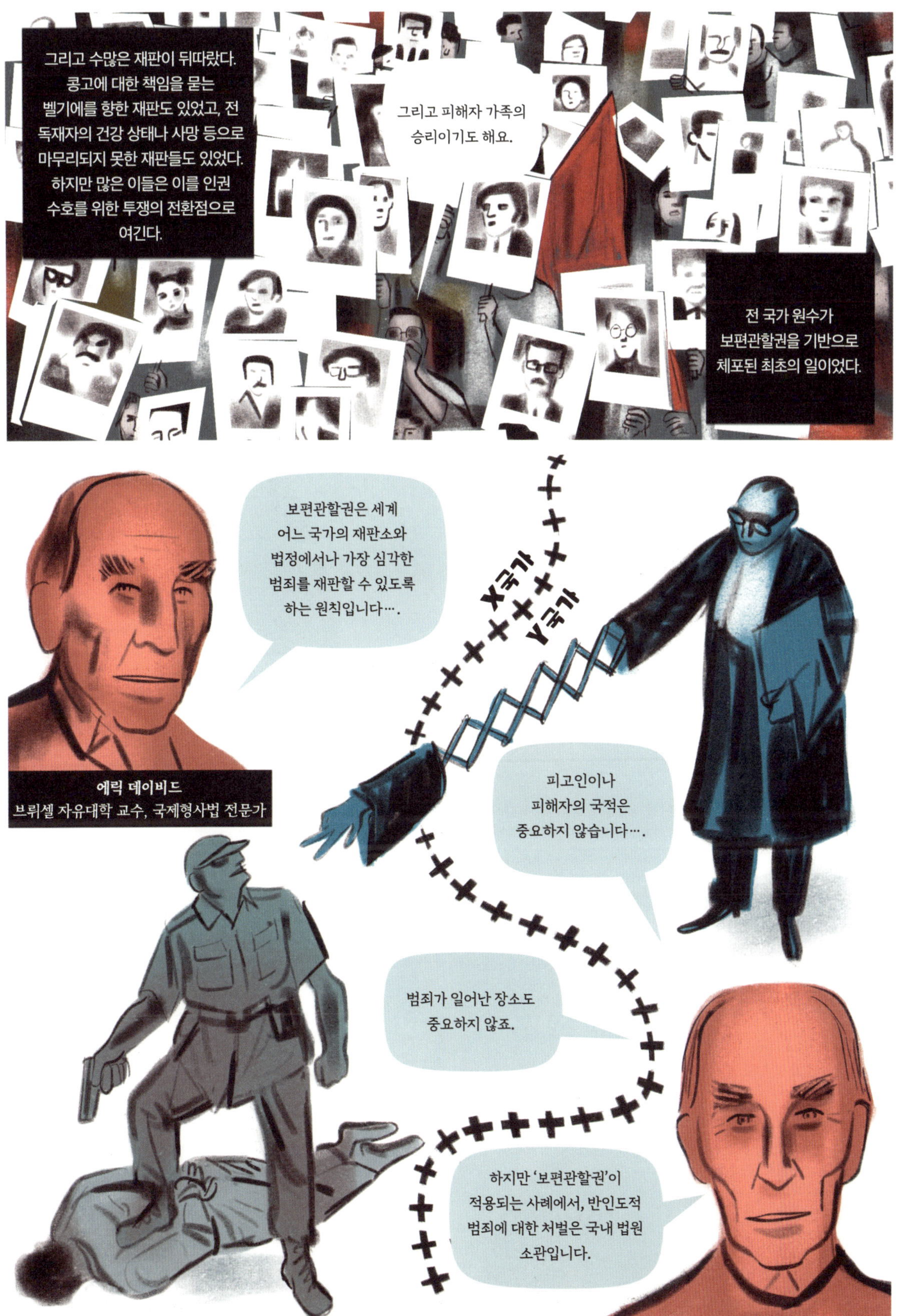
그리고 수많은 재판이 뒤따랐다. 콩고에 대한 책임을 묻는 벨기에를 향한 재판도 있었고, 전 독재자의 건강 상태나 사망 등으로 마무리되지 못한 재판들도 있었다. 하지만 많은 이들은 이를 인권 수호를 위한 투쟁의 전환점으로 여긴다.
그리고 피해자 가족의 승리이기도 해요.
전 국가 원수가 보편관할권을 기반으로 체포된 최초의 일이었다.
보편관할권은 세계 어느 국가의 재판소와 법정에서나 가장 심각한 범죄를 재판할 수 있도록 하는 원칙입니다….
피고인이나 피해자의 국적은 중요하지 않습니다….
범죄가 일어난 장소도 중요하지 않죠.
하지만 '보편관할권'이 적용되는 사례에서, 반인도적 범죄에 대한 처벌은 국내 법원 소관입니다.
에릭 데이비드
브뤼셀 자유대학 교수, 국제형사법 전문가

*　전 보스니아 세르비아계 군 사령관인 믈라디치는 보스니아 내전 당시 자행된 인종청소의 주범이자 특급 전범으로 '발칸의 도살자'로 불렸다.

*　　나이지리아 출신 음악가이자 정치운동가로 군사독재에 맞서다가 투옥되는 등 탄압을 받았다.

어쨌든 국제형사재판소의 이러한 시도는
수년 후인 1998년 상설 국제형사재판소
설립과 함께 전환점을 맞이한다.

그 회원국(2024년 기준 125개국)은 자국 영토에서
또는 자국민에 의해 자행된 전쟁범죄, 반인도적
범죄, 제노사이드 또는 침략행위를 심판하는 데
국제형사재판소의 관할권을 인정하고 있다.

우리의 열망은
결코 작지 않습니다.

가장 중요한 것은
지금까지 중죄를 저지르고도
처벌받지 않았던 범죄자들의
면책특권을 없애는 겁니다.

파투 벤소다
국제형사재판소 검사
재직 2012-2021

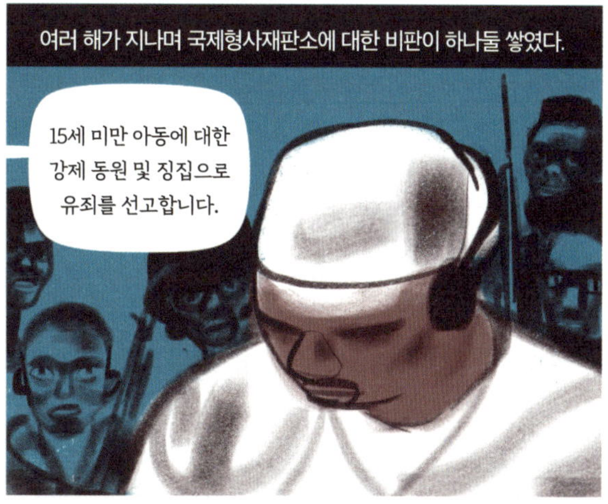

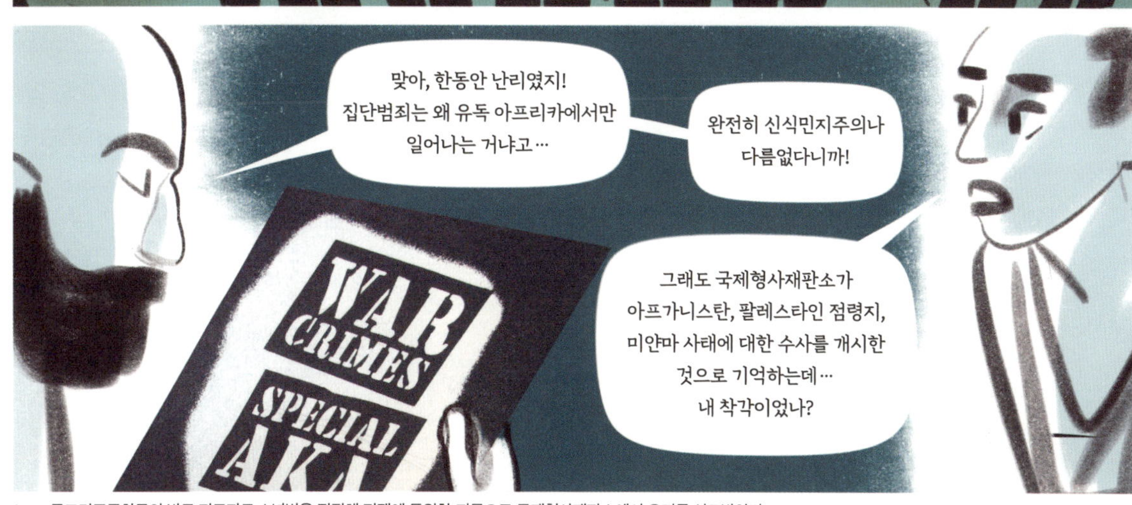

* 콩고민주공화국의 반군 지도자로 소년병을 징집해 전쟁에 동원한 죄목으로 국제형사재판소에서 유죄를 선고받았다.

실제로 수년 전부터 국제형사재판소는 비난을 피해 다른 지역으로 활동 영역을 넓히려고 노력한 것으로 보인다.
아프가니스탄에서 2003년 5월 1일부터 탈레반 및 아프간 군인들뿐만 아니라 미군을 비롯한 국제연합군이 자행한 것으로 추정되는 범죄에 관한 수사 개시를 허락합니다.
피오트르 호프만스키
국제형사재판소 소장

그러자 또 다른 격렬한 항의가 일었다.
엉터리 법정이 우리 국민을 위협하고 있는데 두 손 놓고 있을 수만은 없습니다.
마이크 폼페이오
미국 국무장관
재직 2018-2021

국제형사재판소는 이스라엘에 대한 거짓 고발을 꾸며냈소. 부끄러운 줄 아시오.
베냐민 네타냐후
이스라엘 총리
재직 2009-2021

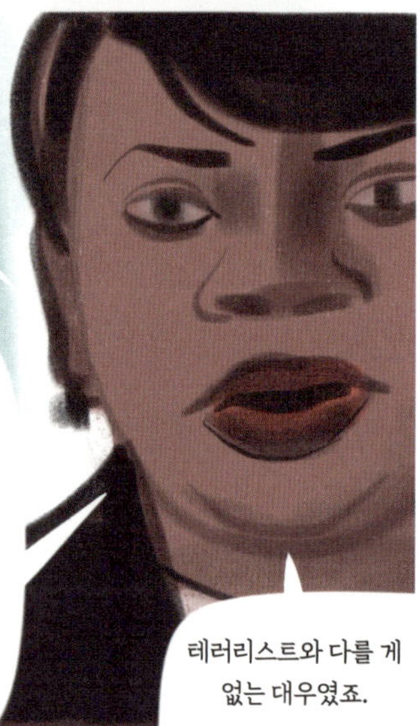
팔레스타인 사태에 대한 수사 개시로 우리는 반유대주의라는 격렬한 비난을 받았죠.
트럼프 대통령은 더 심했습니다. 2021년 후임 대통령이 철회하기 전까지 저와 우리 재판소 직원들은 다양한 제재를 받았고, 심지어 미국 영토에 대한 접근 금지도 있었답니다.
테러리스트와 다를 게 없는 대우였죠.

즉, 국제형사재판소라는 개념은 이론상으로는 매우 매력적이었지만 실제 현실에서는 수많은 당사자의 반감을 산 것이다.
하하…
어디에 갖다 붙여도 말이 되는 문장이네!
'국제형사재판소'를 '기후협약'으로 바꿔도 말이 되잖아!
'경제정의'로 바꿔도 말이 되고….

기후변화에 관한 예시에서도 마찬가지였다. 리우회의 결과 거론된 목표 및 행동 방식이
주기적으로 수정되고 있다는 사실만 보더라도 말과 행동의 괴리는 컸다.

지금은 에너지를 그런 곳에 쓸 게 아니라 '진짜' 문제에 쏟아야 할 때입니다….
먼저 우크라이나(다시 한번 강조하지만 여전히 러시아 영토인)를 탈 나치화하는 것부터 시작하죠.
우리는 서방에 의해 타락한 우크라이나와 나토가 러시아에 가하고 있는 심각한 위협에 마주해 대응할 수밖에 없습니다. 그것은 우리의 정당방위 상 권리이자 의무입니다.
아무도 이 사태를 예고받지 못했다고 말할 수 없을 겁니다….
블라디미르 푸틴
러시아 대통령
2022년 2월 24일 예고는 받았지만 차마 믿지 못했던 나머지 국가들이 공포에 질린 눈으로 러시아가 우크라이나를 침공하는 것을 바라보았다.
여기저기서 헛소리가 들리네요. "전례 없는 침략이다", "과거에나 일어났을 만한 전쟁이다"….
1945년 이후 국제무대에서 군사적 개입이 단 한 번도 없었던 것처럼 말이죠….
이 작전이 '예방 전쟁'으로서 2003년 부시 행정부가 이라크에서 벌였던 작전에 비해 더 부적절할 게 뭐가 있냐 이겁니다.

2022년 3월 1일 유럽 인권재판소

2022년 3월 2일 유엔

2022년 3월 2일 국제형사재판소 검사 카림 칸

2022년 3월 16일, 국제사법재판소

*   라스푸틴은 제정 러시아의 성직자(1872~1916)로 여러 수도원과 성지를 돌아다니며 예언도 하고 환자를 치료하다가 니콜라이 2세와 황후의 신임을 얻어 국정을 좌지우지했다. 그러나 이후 황족과 우익 국회의원에게 암살되었다. 위에서는 국정농단을 하던 라스푸틴을 푸틴이 탄 말에 비유했다.

결국 여러 국가는 러시아를 향한 전례 없는 규모의 경제제재와 더불어 우크라이나에 무기를 제공했고 우크라이나는 러시아의 공격에 대항할 수단을 얻었다.

---

* 제2차 세계대전 이후 동서 양 진영의 공존이 단순히 힘의 균형에 따른 결과가 아니라 서로 핵무기를 보유 중인 것에 대한 두려움으로 유지되는 상태

2022년 4월 5일 안보리 앞에 모습을 드러낸 젤렌스키 대통령
유엔을 폐쇄할 작정입니까? 국제법의 시대가 끝났다고 생각하는 겁니까? 제 질문에 대한 대답이 '아니오'라면 당장 행동에 나서주세요.
유엔 안전보장이사회가 보장해야 하는 안전은 어디에 있습니까?
거부권이 곧 살인할 권리는 아닙니다!
내가 운이 좋았어.
거부권을 행사해 안보리를 틀어막지 않았더라면 저들이 러시아에 대한 제재를 취했을 것이고 모든 국가가 우르르 그걸 따랐겠지.

젤렌스키는 오래전부터 유엔을 들끓게 했던 안보리 개혁에 관한 논쟁을 다시 수면 위로 올렸다.
상임이사국 제도를 폐지해야 하나?
안보리 구성원을 확장해야 할까?
거부권 제도를 폐지해야 하나?
대륙마다 더 많은 국가에게 상임이사국 지위를 부여해야 할까?
조심하세요. 비난을 받기도 하지만 거부권은 강대국들이 서로 대화하고 존중할 수 있는 보편적 기구로서의 유엔을 유지시켜 줍니다.
그렇게 제3차 세계대전의 발발을 막았죠.
그러니까 현재의 체제가 최악의 체제는 아니라는 거군.
그래요. 이 세상의 거대 국가들에게 거부권의 존재는 존중받아 마땅한 겁니다.
감동적인 말이군요. 하지만 참고로 유엔 헌장은 상임이사국들의 합의 없이는 거부권 조항을 규정하고 있답니다. 그러니 꿈 깨시죠.

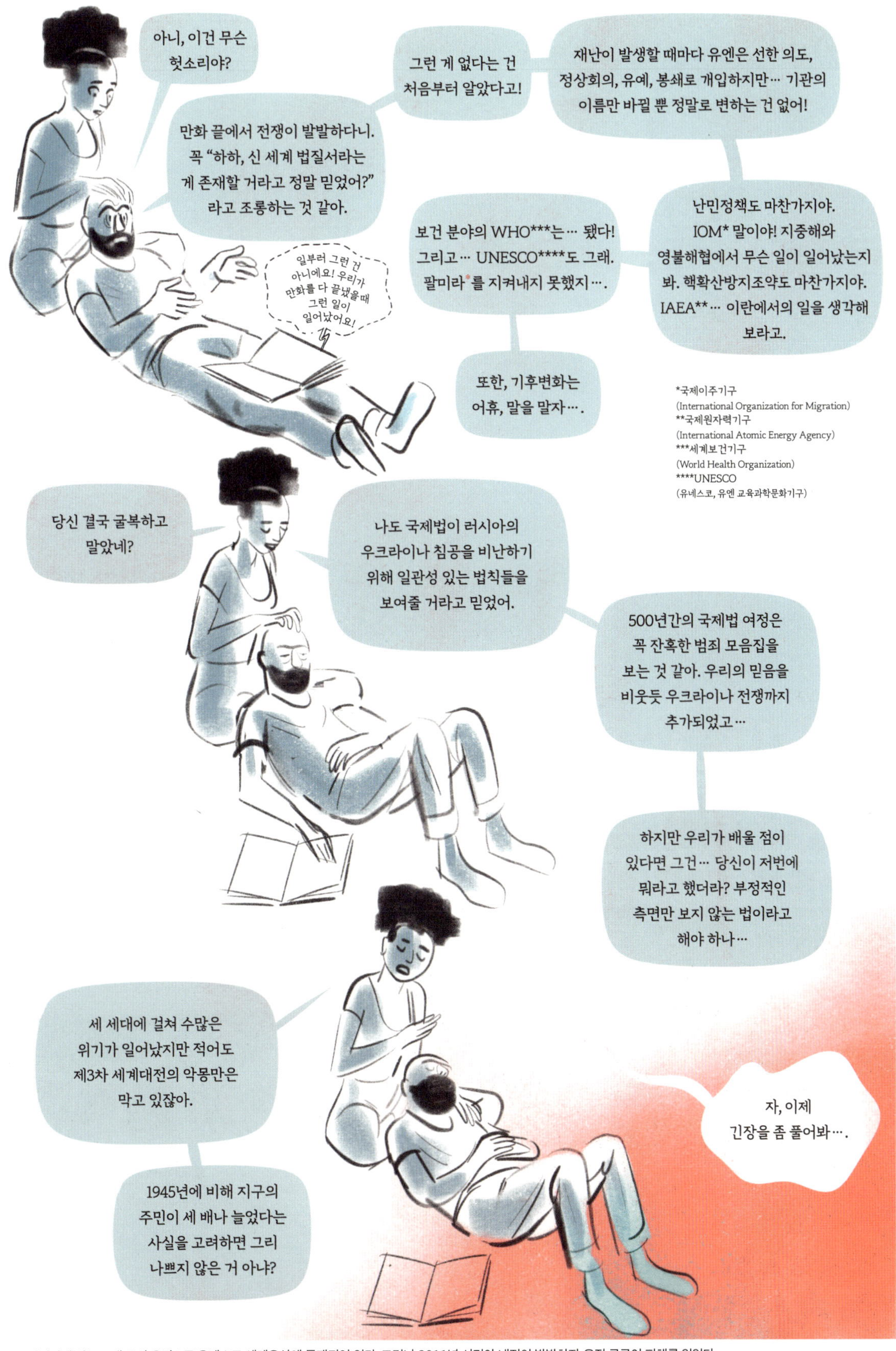

* 시리아에 있는 고대 도시 유적으로 유네스코 세계유산에 등재되어 있다. 그러나 2011년 시리아 내전이 발발하자 유적 곳곳이 피해를 입었다.

긴장
풀라니까요.
각자 자신이
할 수 있는 만큼만 하면
되는 거예요….
어서요. 세계가 당신을
기다리고 있어요!
하지만
나는…
아니… 지금 신발도
안 신었는데…
그리고 준비도
하나도 못했고…
으어어엉
하하하하하하하하하하 하하하하하 하하하하하하하하하하
하 하하하하하하하하하 하하하하하하 하하하하하하하하
하 하하하하하하하하하 하하하하하하하하하하하
하하하하 하하하하하하하 하하하하하하하하

하하하
낮잠을 자는데
왜 이렇게 불편해 보이지?

에필로그

이제 수면 위로 떠오를
시간이야….
당신에게 들려줄
이야기가 있어….

* 인도양 서남부 마다가스카르섬 동쪽에 있는 입헌 왕국으로 아프리카에 속한다.
** 환초: 고리 모양으로 배열된 산호초로, 안쪽은 얕은 바다를 이루고 바깥쪽은 큰 바다와 닿아 있다.

---

* 차고스 제도: 인도양 가운데 있는 영국령 제도로 산호초로 이루어져 있다. 전체 면적은 60km².

할머니는 아주 외딴 곳에 떨어져 있었지만 너무나도 단순하고 아름다운 그곳 삶에 대해 늘 이야기해 주셨어.
"천국 같은 나의 섬"이라고 늘 말씀하셨거든.
할머니는 당신의 천국을 갓 20살이 될 무렵 잃었어. 그러고는 다시는 되찾지 못했지.
잃었다니? 환초가 해일에 잠기기라도 한 거야?
아니. 자연이 아니라 인간이 문제였어.

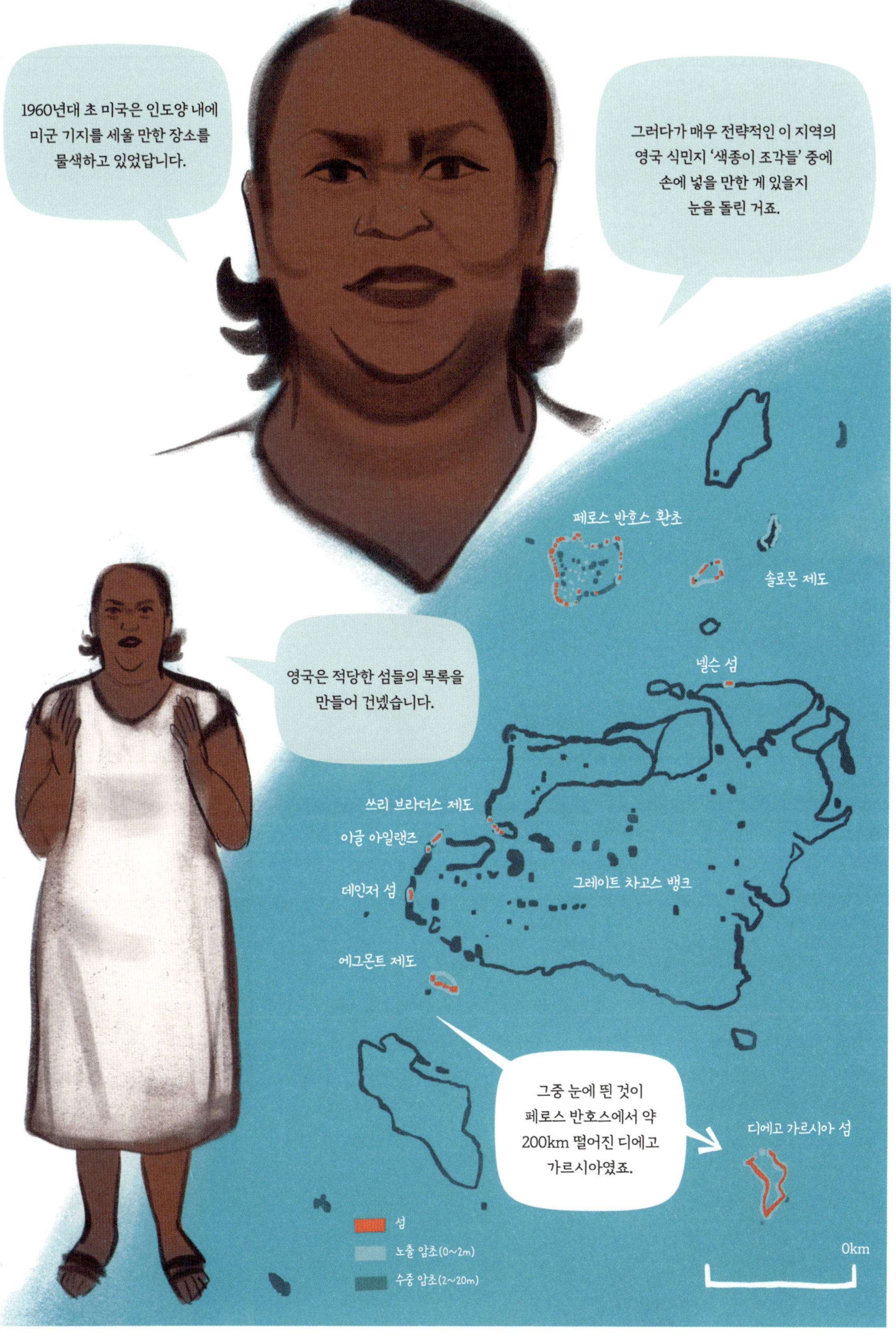

1960년대 초 미국은 인도양 내에 미군 기지를 세울 만한 장소를 물색하고 있었답니다.
그러다가 매우 전략적인 이 지역의 영국 식민지 '색종이 조각들' 중에 손에 넣을 만한 게 있을지 눈을 돌린 거죠.
영국은 적당한 섬들의 목록을 만들어 건넸습니다.
페로스 반호스 환초
솔로몬 제도
넬슨 섬
쓰리 브라더스 제도
이글 아일랜즈
데인저 섬
그레이트 차고스 뱅크
에그몬트 제도
그중 눈에 띈 것이 페로스 반호스에서 약 200km 떨어진 디에고 가르시아였죠.
디에고 가르시아 섬
섬
노출 암초(0~2m)
수중 암초(2~20m)
0km

오늘날까지도 인도양 내 미군의 주요 거점 중 한 곳이죠.
'테러와의 전쟁' 일환으로 아프가니스탄과 이라크를 향한 대부분의 폭격이 이곳에서 비롯되었답니다.

당국은 군 기지와 민간인 거주지역이 가까이 있으면 안 된다고 여겨 모든 주민을 차고스 제도에서 점진적으로 추방했습니다.
디에고 가르시아 섬에 살던 주민뿐만 아니었어요. 가까이 이웃한 섬도 아닌데 내가 살던 환초의 주민들도 모두 섬을 떠나야 했죠.
몇 주 전부터 물자 공급이 끊겼어요.
아무 설명도 없었답니다. 간단한 옷가지 몇 벌을 챙기는 데 단 1시간이 주어졌어요.
NORDVAER
PORT VICTORIA

1974년 차고스 제도 주민들 (약 2천 명)은 모두 모리셔스나 세이셸로 '재배치'되었습니다.

미개인, 원숭이, 숲에 사는 깜둥이, 도둑놈, 멍청이, 비실이, 보잘것없는 녀석, 차고스 출신… 내가 어릴 때 들어야 했던 말들이에요.

우리 억양은 모리셔스인들과 달랐어요. 피부색은 그들보다 짙었죠. 주머니는 텅 비었고 집은 존재하지도 않았어요.

오늘날까지도 그곳으로 재이주는 금지되어 있어요.
허용된 거라곤 매우 예외적인 경우이지만, 운이 좋아 드물게 선발되면 '문화유산 방문'이라는 명목으로 군인들에게 둘러싸여 며칠 동안 그곳을 방문할 수 있는 게 전부죠.
그건 우리의 상처를 헤집을 뿐이랍니다….
차고스 제도 전체는 '영국령 인도양 지역'이라는 명칭으로 아직도 영국 통치 아래 있어요.

* 영국령 인도양 지역의 표어로, '리무리아는 우리 보호 아래 있다'는 내용의 라틴어.

* "세계를 지키기 위한 차고스인의 희생, 그러나 우리가 받은 보상은 느린 죽음입니다."
  "현대판 노예제"
** 《차고스 제도 주민 운동》

하지만 압박은 갈수록 거세졌습니다. 2021년 초 또 다른 국제 법원인 국제해양법재판소가 이렇게 선고했죠.
영국은 차고스 제도에 대해 어떤 법적 지위도 가지고 있지 않다.
차고스 제도에 대한 영국의 영유권 주장은 국제사법재판소(ICJ)가 낸 권고적 의견 속에 표명된 결론에 반한다.
이 논쟁의 결과는 아직도 명확히 나지 않은 상태입니다.

하지만 국제법에서 무기를 찾아낸 작은 모리셔스 공화국은 어쩌면 그 정치적, 경제적, 군사적 힘이 비교할 데 없이 컸던 과거 식민제국인 오만한 영국을 굴복시킬지도 모릅니다.
모리셔스는 이미 차고스 제도에 대한 영국의 지속적 장악에 아무 법적 근거가 없으며, 그것이 순전히 세력 관계에만 기댄 것임을 세계에 알렸으니까요.

무엇보다 국제법은 하나의
도구라는 내 생각이 역시
틀리지 않았어.
예로부터 국제법은 자신의
계획의 정당성을 입증하려는
국가들에게 이용당했지.
19세기 아프리카 식민지화
운동을 통해 유럽 국가들이
그랬던 것처럼.
그래, 맞아.
하지만 결국 시간이 흐르고
그 내용이 변화하면서
약자들의 무기가 되기도 했어.

작은 모리셔스 같은 국가가 영국에 맞설 수 있는 무기 말이야.
또는 다른 당사자들, 무엇보다 개인들에게도 마찬가지야!
그런 점에서 국제법은 진정한 해방자였어.
맞는 말이야···. 그래서 많은 국가가 우후죽순 국제기구에 반기를 들기 시작했지.
브렉시트나 일부 국가의 국제형사재판소에 대한 공공연한 투쟁 말고도 사례는 수없이 많아.

요약하면 오늘날 국제법은 진정한 투쟁의 영역이 된 거야.

투쟁을 치르며 국제법의 가능성들은 조금씩 구현될 거야….

그리고 국제법은 동족과 환경을 학살하는 오랜 강박으로부터 벗어날 수 있도록 인간을 치료하는 데 함께할 거고.

아, 드디어 내 남자가
돌아왔네, 히히!
당신 말처럼 꿈꾸는 건
자유지…. 하지만 그 '치료'는
짧게 끝나야 할 거야….
내 개인적 바람은
하나야…
국제법 덕분에 내 할머니가 가장
바라는 소원이 이루어지는 거지.

내 할머니가 사랑하는 섬의
해안가로 파도가 밀려오고
부서지며 내는 소리를 들으며
당신이 태어난 요람에서 생을
마감할 수 있기를.

삽화, 인용문 출처

6-10쪽. 아부 주바이다가 받았던 처우의 묘사는 10쪽에 언급된 후사인(*아부 주바이다*) 대 폴란드 사건에 관한 2014년 7월 24일 유럽 인권재판소 판결에 기초했으며 이는 유럽 인권재판소 홈페이지에서 *열람 가능함(영어)*.

18-22쪽. 알렉산데르 6세 교황의 발언은 1493년 5월 4일 *인테르 카에테라* 교서를 발췌한 것임.

22쪽. 칸티노 평면 구형도, 포르투갈, 1502년경, 작가 미상, 이탈리아 모데나 에스텐세 도서관 소장. 일러스트 필요성을 위해 원본에 나타난 토르데시야스 조약의 경계선이 지워졌고 *인테르 카에테라* 교서에 의해 후대에 획정된 경계선으로 교체됨.

25쪽. 토르데시야스 조약 포르투갈 판본 표지. 보관 - 인디아스 고문서관. 국가기록원.

26쪽. 대서양 지도, 포르투갈, 1560년경. 프랑스 국립박물관.

36쪽. 바르톨로메 데 라스 카사스 《눈물의 인디언 문명 파괴사》, 1552년의 독일어 번역본 일러스트를 그린 테오도르 드 브리의 판화 참고

37쪽. 매그리아베키아노 아즈텍 문서(16세기)와 보르보니쿠스 메소아메리카 문서(15세기 말~16세기 초)에서 발췌한 일러스트 참고

37-40쪽. 장 클로드 카리에 각본, 장 다니엘 베르하게 감독의 1992년 TV 영화 「바야돌리드 논쟁」에서 따온 대화.

49쪽. 프랑수아 뒤부아의 '성 바르톨로메오 축일 학살(1572-1584)' 참고.

53쪽. 1651년 출간된 토마스 홉스의 《리바이어던》 표지. 아브라함 보스 또는 벤체슬라우스 홀라르 작품으로 추정.

54쪽. 제라르 터 보르히의 《뮌스터 조약 비준(1648)》 참고.

56쪽. 지도 배경 그림: 장 알로의 '드냉 전투(1839)', 빅토르 아담의 '1792년 11월 27일 바루 전투(1837)', 이탈리아학파 '기병대의 돌격(17세기)', 장 알로의 '1710년 12월 10일 비야비시오사 전투(1837)', 외젠 드베리아의 '1693년 10월 4일 마르세유 전투(1837)', 요한 필립 렘케의 '바르샤바 전투(1656)'

66쪽. 앙리 르노의 마이어-하인의 조각 '1793년 11월 10일 이성의 여신의 행렬' 복제본 참고

73쪽. 1885년 1월 3일 「일러스트레이션」지에 발표된 드라너의 풍자화 '베를린 회의: 케이크를 나누는 비스마르크 수상' 참고
'1815년 빈 회의에서 가져온 갸또 데 루아', 작가 미상, 1815년경

77쪽. 르네 레르미트의 '마리 세라피크 노예선 중갑판(1770)' 참고.

78쪽. 1884년 베를린 회의를 표현한 판화 참고.

79쪽. 1899년 「르 프티 파리지앵」지에 발표한 판화 '불레-샤누안 임무' 참고.

83쪽. J. 바솔로뮤의 1885년 아프리카 지도 참고.

91쪽. 빅토르 위고의 시구는 《징벌시집(1853)》에 수록된 시 '속죄'를 발췌한 것.

93쪽. 장 바티스트 이사비의 '빈 회의(1815)' 참고.

95쪽. 프레데릭 드 위트의 '에우로페의 납치', 페르난도 보테로의 '에우로페의 납치', 프리츠 베그너의 영국 우표에 그린 그림, 펠릭스 발로통의 '에우로페의 납치' 참고.

106쪽. 위: 조지프 주트의 '유럽의 평화와 법 재건을 위한 빈 회의(1815년경)' 참고. 아래: 아달베르트 폰 뢰슬러의 '베를린 회의(1884)' 참고.

123쪽. 스피노자의 인용문은 1670년에 발간된 《신학정치론》에서 가져옴. 일러스트는 찰리 채플린 영화 「모던 타임스(1936)」를 참고.

130-134쪽. 로터스 호와 윔블던 호 사건의 판결 및 변론 전문은 국제사법재판소 홈페이지에서 열람 가능.

145쪽. 미키엘 얀츠 반 미레벨트의 '빌렘 반데르 미어 박사의 해부학 수업(1617)' 참고.

160쪽. 몇몇 대사는 로저 도널드슨 감독의 「D-13(2000)」을 참고함.

167쪽. '니카라과와 니카라과에 대항한 군사 및 유사 군사활동들'에 관한 판결에서 발췌. 원문은 국제사법재판소 홈페이지에서 열람 가능.

170-171쪽. 퍼그스(The Fugs)의 'Kill for Peace(1966)', label ESP Disk.

171쪽. 템테이션스(The Temptations)의 'War(1970)', Motown.
에드윈 스타(Edwin Starr)의 'War(1970)', Motown.

감사의 글

이 책을 집필하는 동안 열정적인 동행과 명쾌한 조언을 해준 세바스티앙 느나디그, 레이몽 르블랑 상을 받을 수 있는 길을 터준 티에리 틴로와 지원을 아끼지 않은 프레데릭 롱스, 한 글자도 대충 보지 않는 디안, 조안, 베로니크, 장거리 조종사 장-프랑수아에게 감사의 마음을 전합니다.

더 클래시(The Clash)의 'Washington Bullets(1980)', CBS.

176쪽. '국경 분쟁(부르키나파소/말리)'에 관한 판결에서 발췌 및 크로키. 원문은 국제사법재판소 홈페이지에서 열람 가능.

195쪽. 모비(Moby) & 퍼블릭 에너미(Public Enemy)의 'Make Love, Fuck War(2004)', Mute.
조지 마이클(George Michael)의 'Shoot the Dog(2002)', Polydor.

196쪽. 뉴욕 유엔 본사에 전시, 자클린 & 르네 뒤르바크 직조, 파블로 피카소의 '게르니카' 태피스트리 참고.
DJ 섀도(DJ Shadow)와 잭 데라로차(Zack de la Rocha)의 'March of Death(2003)'

202쪽. 리들리 스콧 감독의 영화 「블랙호크 다운」의 오리지널 사운드트랙, 한스 치머, 라시드 타하 외 다수, 2002년, Decca, UMG Soundtracks.

207쪽. 법과 힘에 관한 글귀는 블레즈 파스칼(전집, 루이 라퓌마 편집, 파리, Seuil, 1963, n°103)의 글에서 따온 것.

215쪽. 이모털 테크닉(Immortal Technique)의 'Bin Laden(2005)', Viper Records.

221쪽. 펠라 쿠티(Fela Kuti)와 이집트 80(Egypt 80)의 'Beasts of No Nation(1989)', Wrasse Records.

223쪽. 스페셜 AKA(Special AKA)의 'War Crimes(1982)', Two-Tones Records.

242쪽. 카롤린 로랑의 《Rivage de la colère(2020)》 발췌, Les Escales.

245-246쪽. 여기서 인용한 두 결정문은

2019년 2월 25일 국제사법재판소의 '1965년 모리셔스의 차고스 제도 분할에 관한 법적 효력'에 관한 권고적 의견과 2021년 1월 28일 국제해양법재판소의 '인도양 내 모리셔스와 몰디브 간 해양 경계 획정' 사건의 판결을 참고한 것. 저자 피에르 클랭은 두 소송에서 모리셔스 측 자문이었기 때문에 객관적인 입장에서 이 사건을 서술하기에는 까다로운 입장이었음.

더 알아보기

온라인
유엔 홈페이지
본 저서에서 언급된 여러 조약들을 다음 링크에서 확인할 수 있음.
대중문화와 국제법의 관계를 더 탐구하길 원한다면 다음 링크를 참고할 것.

일반 서적
올리비에 코르텐, 프랑수아 뒤뷔송, 베이오스 쿠트룰리스, 앤 라거월, 《국제법 주요 입문(Une Introduction Critique au Droit International)》, 브뤼셀, 브뤼셀대학 출판, 2017.
에마뉘엘 투름-주아네, 《국제법(Le Droit International)》, 파리, P.U.F. 끄세주?(Que sais-je?), 2013.

지은이

올리비에 코르텐 & 피에르 클랭

올리비에와 피에르는 브뤼셀 자유대학교(ULB) 국제법 교수로 재직 중이다. 두 사람은 지금까지 20여 권의 저서와 250여 편의 논문을 발표했다. 브뤼셀 자유대학교 국제법 센터는 2013년에 올리비에의 주도로 국제법에 대한 학술적 접근과 대중적·문화적 접근 사이의 장벽을 없애기 위한 대규모 프로젝트를 출범시켰다. 본 만화는 이 프로젝트의 연장선에 있다.

그린이

제라르 브도레

제라르는 건축가라는 직업 외에도 수많은 데생 활동을 열정적으로 펼쳤다. 현재는 온전히 일러스트레이션에 매진하고 있다. 본 저서는 장편 만화로는 그의 첫 작품이다.

옮긴이

이수진

성신여자대학교에서 불문학과 영문학을 전공하고, 이화여자대학교 통역번역대학원 한불번역과를 졸업했다. 주한프랑스대사관, 주한프랑스문화원 등의 공공기관과 교육, 영상, 문학 등 다양한 분야에서의 번역 경험을 바탕으로 현재 바른번역 소속 번역가로 일하고 있다. 옮긴 책으로《만화로 보는 결정적 세계사》,《우편엽서》,《벨기에 에세이》등이 있다.

감수

옥창준

서울대학교 외교학과에서 박사학위를 받은 후 한국학중앙연구원 한국학대학원에서 정치학을 연구하고 가르치고 있다. 함께 쓴 책으로《한반도 국제관계사의 재인식》등이 있으며,《경합하는 '태평양' 구상 : 1949년 태평양 '동맹'의 재해석》,《북한의 상상 지리와 '평양 선언'》등의 논문을 썼다. 옮긴 책으로《제국과 의로운 민족》,《냉전의 지구사》(공역) 등이 있다.

세계시민을 위한 국제법 그래픽노블
살라망카에서 관타나모까지
국제법의 역사

초판 1쇄 인쇄 2026년 4월 10일
초판 1쇄 발행 2026년 4월 20일

지은이   올리비에 코르텐, 피에르 클랭
그린이   제라르 브도레
옮긴이   이수진
감수   옥창준
펴낸이   김연희

펴 낸 곳 그림씨
출판등록   2016년 10월 25일(제406-251002016000136호)
주   소 경기도 파주시 광인사길 217(파주출판도시)
전   화 (031) 955-7525
팩   스 (031) 955-7469
이 메 일 grimmsi@hanmail.net

ISBN 979-11-89231-82-8 03360